Katrin Zita | Lena Doppel

Digital Happiness

Katrin Zita & Lena Doppel

Digital Happiness

Online selbstbestimmt und glücklich sein

GOLDEGG VERLAG

Bildrechte Autorenfoto: Katrin Zita: Kirsten Breustedt | Lena Doppel, Stefan Hoffmeister
Bildrechte Umschlag: © kenzzz – fotolia.com, © Sam – fotolia.com, © Palsur – fotolia.com, © spiral media – fotolia.com

Errata http://www.digitalhappiness.zone/errata

Der Verlag und seine Autorinnen sind für Reaktionen, Hinweise oder Meinungen dankbar. Bitte wenden Sie sich diesbezüglich an verlag@goldegg-verlag.com.

Der Goldegg Verlag achtet bei seinen Büchern und Magazinen auf nachhaltiges Produzieren. Goldegg Bücher sind umweltfreundlich produziert und orientieren sich in Materialien, Herstellungsorten, Arbeitsbedingungen und Produktionsformen an den Bedürfnissen von Gesellschaft und Umwelt.

ISBN Print: 978-3-903090-05-7
ISBN E-Book: 978-3-903090-14-9

Friedrichstraße 191 • D-10117 Berlin
Telefon: +49 800 505 43 76-0

Goldegg Verlag GmbH, Österreich
Mommsengasse 4/2 • A-1040 Wien
Telefon: +43 1 505 43 76-0

E-Mail: office@goldegg-verlag.com
www.goldegg-verlag.com

Layout, Satz und Herstellung: Goldegg Verlag GmbH, Wien
Druck und Bindung: EuroPB s.r.o., CZ

Inhaltsverzeichnis

TEIL I

Die digitale Welt: Opfer im Daten-Labyrinth oder Gewinner durch Wissen?

Stay tuned!

Das Meeting ist zu Ende. Julia blickt auf ihr Smartphone. Das Display zeigt sieben neue Nachrichten via WhatsApp, SMS und Messenger an. Zusätzlich noch drei verpasste Anrufe. Heute ist viel los. In ihrem E-Mail-Postfach warten über hundert unerledigte Nachrichten. Morgen werden es vielleicht schon über 150 sein.

Online lässt es sich für Steffen bequem und schnell einkaufen. Um jede Tages- und Nachtzeit. Auf Facebook liest er manchmal von Freunden, die bewusst in kleinen Läden einkaufen. Mit zwei Kindern und einem anspruchsvollen Job setzt er aber vor allem auf Bequemlichkeit. Seine Bankgeschäfte erledigt er über Internetbanking am Abend. Zumeist wenn die Kinder bereits im Bett sind und seine Frau vor ihrer Lieblingsserie im TV sitzt.

Apropos TV: In Sarahs Freundeskreis sieht kaum jemand noch klassisch fern. Streamingdienste bieten Movies und Serien rund um die Uhr an. Oft brandneu und direkt nach der Erstausstrahlung in Amerika. Warum also erst monatelang warten, bis die Serien übersetzt auf klassischen Sendern mit einer fixen Beginnzeit ausgestrahlt werden? »On demand« ist doch viel praktischer!

Bea schämt sich zutiefst. Kaum jemandem erzählt sie ihre Geschichte. Ein Internetbetrüger erleichterte sie um ihr gesamtes Erspartes, insgesamt um 50.000 Euro. Nachdem er sie über Facebook angeschrieben hatte und monatelang das Vertrauen aufbaute, überwies sie ihm das von ihm angeblich für seine kranke Mutter benötigte Geld. Heute geht sie jeden Donnerstagabend in eine Selbsthilfegruppe und trifft dort Frauen, denen es ebenso erging. Immer wieder stellt sie sich die Frage: »Wäre mir dies auch passiert, wenn ich diesen Menschen persönlich kennengelernt hätte?«

Wir leben in einer digitalen Neuzeit. In einer Zeit des Umbruchs, die für uns manchmal mehr Fragen aufwirft, als sie uns beantwortet. Neue technische Tools wollen installiert und von uns angewandt werden. Wer heute up to date sein will (oder muss), darf einiges an Zeit und Geld investieren, um immer am neuesten Stand zu sein. Doch wo stehen wir alle heute in digitaler Hinsicht wirklich? Eines dürfte klar sein: Fast jeder von uns sucht nach Antworten auf diese und ähnliche Fragen, die unseren täglichen Umgang mit uns selbst und unserem Online-Dasein betreffen. Gemeinsam dürfen wir diese Antworten finden: vorsichtige Antworten, positive Antworten und erfüllende Antworten.

Warum sind bereits so viele Bücher am Markt, die der Technik im Speziellen und der Zukunft im Allgemeinen so negativ gegenüberstehen? Geht es uns nicht so gut wie je zuvor? Haben wir nicht eine bessere medizinische Versorgung, mehr Möglichkeiten zu kommunizieren und uns auszudrücken als in vergangenen Zeiten? Ebenso mehr Ausbildungsmöglichkeiten, mehr Zeit und Geld, um zu reisen und uns zu verwirklichen? Wieso liegt Kulturpessimismus weiterhin im Trend? Warum sehen so viele dunkle Zeiten auf uns zukommen?

In vielen Büchern der Apologeten des kommenden Weltuntergangs spielt die Angst vor neuen Technologien eine große Rolle. Falls sich die Menschheit nicht durch Überkonsumation, Umweltverschmutzung oder den Klimawandel selbst vernichtet, so vermuten viele, dann schlussendlich vermutlich durch Online-Chatten, Facebook-Postings-Schreiben oder E-Mail-Überflutung.

Die Mahner warnen uns, dass unsere Privatsphäre aufhören wird zu existieren: Als wäre Privatsphäre etwas, das wir in Nullen oder Einsen messen können. Sie erklären uns, dass wir grundsätzlich bald alle dümmer und computer-verblödet sein würden, so, als gäbe es nicht seit der Erfindung des Computers eine explosionsartige Zunahme an weltweitem

Wissen, das durch Online-Technologien sogar noch viel verfügbarer geworden ist. Technologie-Pessimisten erklären unsere Computer-spielenden Kinder für dumm, so, wie unsere Eltern oder Großeltern uns gewarnt haben, aus uns würde nichts werden, wenn wir statt Goethe lieber Asterix-Comics lesen. Ist dieses Schwarzmalen wirklich gerechtfertigt? Oder lässt sich doch für jeden von uns ein positiver und persönlich individueller Weg finden, mit jeglichen digitalen Neuerungen gut umzugehen?

Unzählige Gespräche und das interessierte Zuhören im Kaffeehaus am Tisch nebenan oder in der U-Bahn beweisen: Unser digitales Leben sorgt für Gesprächsstoff. Manchmal reden wir darüber nur hinter vorgehaltener Hand, ein wenig verschämt. Oder gestehen Sie jedem, den Sie treffen, dass Sie ein Telefonat auf Ihrem Handy auch schon mal auf der Toilette entgegengenommen haben und vielleicht sogar gerne mit dem iPad dorthin entschwinden? Gut geschützt wie das eigene Sexualleben, wird auch nicht gleich alles über das eigene digitale Intimleben verraten. Wozu sich eine Blöße geben?

Wieso scheint es oft auch leichter, über die Probleme einer voranschreitenden Digitalisierung als über deren Nutzen zu schreiben? In Zeiten, in denen kaum jemand von uns keinen Computer, kein Mobiltelefon oder keinen Zugang zu Internetbanking besitzt? Wir würden uns doch selbst in einen riesigen Gewissenskonflikt bringen, wenn wir alle dies zwar tagtäglich nutzen, jedoch innerlich *dagegen* sind.

Wer tritt denn auf den Plan, wenn es um Diskussionen rund um dieses Thema geht? Da gibt es die Meckerer, die immer gegen jeden und alles sind: »Die Menschen sind der Digitalisierung zum Opfer gefallen und würden dies nicht merken.« Computerbefürworter nehmen entweder die Gegenposition ein und sehen endlich ihre Zeit gekommen: Bald sei »alles möglich«. Oder aber sie befürchten, dass Regierungen und Geheimdienste das Internet in einen unfreien

Ort verwandeln. Dazwischen versuchen Menschen mit diesen Neuerungen umzugehen und Position zu beziehen, fühlen jedoch eine tiefe Verunsicherung und Angst. An anderen gehen die Feinheiten solcher Diskussionen wiederum spurlos vorüber, und sie blenden das Thema entweder völlig aus oder lassen sich von alarmschlagenden Schlagzeilen wie »Wir werden alle immer blöder« verführen.

Wie würden Sie sich selbst einordnen? Wo stehen Sie in digitalen Belangen? Wie soll es für Sie gut weitergehen mit Ihrem digitalen Leben? Wir alle sind Individuen, also individuelle Persönlichkeiten, auch online. Wir wollen Sie als Autorinnen mit diesem Buch begleiten. Einerseits zu neuen technischen Erkenntnissen, andererseits zu Ihrer digitalen Selbstbestimmung.

Dieses Buch soll Ihnen einen förderlichen Impuls liefern, sich mit dem Thema »Digitalisierung« positiv und wohlwollend zu beschäftigen. Es geht uns nicht ums Schönreden, aber eben auch nicht ums Verteufeln. Sondern darum, wie jeder von uns einen individuellen Umgang finden kann, der zu ihm oder ihr passt und ein persönliches Wohlgefühl auslöst. Denn *dagegen* zu sein, zeigt noch keinen neuen Weg, der zukünftig und selbstbestimmt eingeschlagen werden kann. Viel besser ist es, wenn jeder von uns sein eigenes *Dafür* – also unter den aktuellen digitalen Gegebenheiten sein *»Ja«* – entdecken kann. Was meinen Sie dazu?

Wissen und Kompetenz sind mächtige Werkzeuge: Digitale Neuerungen sollten keine Ängste schüren, sondern uns Menschen helfen, besser zu leben.

Können wir uns dafür entscheiden, die digitale Welt mit einem positiven Gefühl zu erleben? Vielleicht immer öfter sogar mit einem Glücksgefühl? Wie würde sich dies zeigen? Wir wollen Sie zu Lösungen führen, die Sie sagen lassen: »Ja, das habe ich geschafft!«, »Ja, das macht es mir leichter und ist auch praktischer!« oder: »Ja, damit habe ich anderen geholfen und bin nicht mal von der Couch aufgestanden!« sowie: »Ja, auf diesem Wege habe ich neue Leute kennengelernt und meine Möglichkeiten erweitert!«

Niemand befiehlt uns, negativ in die Zukunft zu sehen oder uns den Möglichkeiten der neuen Technologien zu verweigern. Denn der Wandel macht uns nicht nur Angst: Er scheint auch viele Menschen zu faszinieren und sie zu neuen und interessanten Dingen aufzufordern. Wie wäre es sonst zu erklären, dass Digitalisierung und deren Verbreitung über Netzwerke wie das Internet solch einen rasanten Zuwachs erfährt? Eines wird dieses Buch somit nicht tun: schwarzmalen, jammern und Angst vor unserer digitalen Zukunft verbreiten! Es darf uns klar werden: Die moderne digitale Welt ist mehr als ein paar Werkzeuge oder eine abstrakte Idee. Sie ist ein Raum, in dem wir uns miteinander bewegen, in dem wir zunehmend arbeiten, leben und kommunizieren.

Apropos kommunizieren: Technologische Neuerungen in der Kommunikation sind ein alter Hut. Früher gab es beispielsweise Brieftauben und die berittene Post: Doch wie kommunizieren wir und unsere Geräte heute miteinander? Plötzlich gibt es nicht mehr nur Regenwolken, sondern auch Datenwolken! Und wie ist das mit den Daten? Sicher ist: Diese werden immer mehr. Es gibt mehr Daten und auch mehr Information und Kommunikation als irgendwann zuvor. Das war übrigens in früheren Zeiten ebenso. Zu keiner Zeit war ein Stopp dieser Entwicklung in Sicht. Die Geschichte der Menschen ist die Geschichte von mehr: mehr Information, mehr Kommunikation, mehr Lebensqualität, aber auch mehr Freiheiten, mehr Kritik und damit auch mehr Zweifel.

Die größten Herausforderungen des aktuellen Schwungs an digitalen Neuerungen scheinen also die zunehmende Information und Kommunikation zu sein, die über uns hereinbrechen. Weltweite News stehen uns auf einen Klick zur Verfügung und werden sekündlich erneuert. Via E-Mail,

Chat oder Skype können wir schnell mal mit Menschen aus aller Welt virtuell in Kontakt treten. Snapchat erlaubt uns, Nachrichten abzusenden, die sich – wie in alten Agentenfilmen – nur Sekunden nach dem Empfangen selbst zerstören. Twitter-Postings tragen unsere Meinungen in die Online-Welt, und mit Facebook-Likes drücken wir zu Inhalten wie Kinderfotos, politischen Entwicklungen und wichtigen Momenten im Leben anderer unsere Zustimmung und inzwischen auch Erstaunen, Wut und Freude aus. Sie sehen, kaum beschäftigen wir uns mit digitalen Themen, durchdringen Anglizismen unsere Sprache. Deshalb haben wir es auch gewagt, für ein deutschsprachiges Buch einen englischen Titel zu wählen: *»Digital Happiness«* drückt punktgenau aus, was wir Ihnen mit unseren Zeilen ermöglichen wollen, nämlich, dass Sie online selbstbestimmt und glücklich sind.

Katrin Zita – Ihre Reisebegleiterin in digitale Gefühlswelten

Ich bin von Natur aus eine Fragende, die sich gern auf die Suche nach guten Antworten begibt. Bei meiner Arbeit als Coach ist es mein Job, gute Fragen zu stellen. Damit meine Klienten zu ihren eigenen und besten Antworten für sich selbst finden. Da ich unter anderem neben Hochbegabten auch viele Hochsensible mit meinem Coaching begleiten darf, und ich mich selbst dazuzähle, stellte sich schnell die Frage: Wie kreiere ich mir eine Online-Präsenz, die mich nicht Energie kostet, sondern mir Spaß macht? Wovor können Ängste bestehen? Lena Doppel und ich kennen einander seit 2008. Damals führte uns ein Workshop für neue Selbstständige zusammen. Wir drückten also als Erwachsene nochmals die Schulbank und saßen zufälligerweise nebeneinander. Lena hatte ihren Laptop vor sich und »bookmarkte« mit einem Online-Tool namens »Delicious« alle wichtigen

Fakten, die sie zusätzlich zu den Infos der Vortragenden auf diversen Webseiten fand. »Delicious« ist ein Dienst, der sich auch heute noch als »the world's leading social bookmarking service« definiert.
Bereits 2001 widmete ich meine Diplomarbeit dem kommunikationstheoretischen Thema »Effizienz und Akzeptanz von E-Commerce«, damals formulierte ich vorausschauend, wohin der digitale Weg uns alle gemeinsam führen würde, nämlich beispielsweise zu gigantisch großen Online-Händlern und -Shops: »Inwieweit sich im Laufe der Jahre die technische Ebene verändern wird, ist nicht absehbar. Eine Konstante bleibt jedoch bestehen, die Kommunikation und Wahrnehmung des Menschen. Diese wird mit der Basis des Systems Mensch jegliche technische Veränderung überdauern und stellt einen wichtigen Parameter für die Effizienz und Akzeptanz von E-Commerce dar. Die Technik ist nur das Mittel zum Zweck, denn E-Commerce bedeutet, dass Menschen Kommunikation zu einem bestimmten Zweck mit Menschen schaffen.«
Aber noch mal kurz zurück ins Jahr 2008: Ich selbst hatte ein schwarzes Notizbuch vor mir und schrieb mit Füllfeder nieder, was mir in dem Workshop wichtig erschien. Jahre später sprachen wir über unser Kennenlernen: Lena waren mein Schreiben mit Füllfeder und meine Schrift in Erinnerung geblieben. Auch heute noch tauschen wir uns über praktische Notizbücher und Schreibgeräte aus. Ich hingegen bewunderte Lena, weil sie mir mit »Delicious« einen damals noch nicht weitverbreiteten praktischen, digitalen Tipp vorführte – also einen »Digital Life Hack«, der das Leben einfacher macht. Seither begleitete mich Lena auf meinem Berufsweg als Digital-Coach.
Meine Koautorin ist für mich ein Phänomen: In all den Jahren, in denen ich ihr Fragen rund um meine beruf-

liche und private technische Infrastruktur stellte, hatte sie stets eine Antwort für mich parat. Manchmal denke ich, dass ihr dies alles in Fleisch und Blut übergegangen ist. Lena verkörpert für mich das Bild eines sich digital selbstbestimmt bewegenden Menschen bzw. Users. Ich selbst gehe in meinen Büchern »Die Kunst, allein zu reisen und bei sich selbst anzukommen« und »Die Kunst, eine glückliche Frau zu sein« unseren Gefühlen auf den Grund und zeige Wege auf, wie wir uns selbstbestimmt zu unserem Glück führen können. Diesmal darf ich für Sie als Reisebegleiterin in unserer digitalen Gefühlswelt fungieren. Lena ist der technisch versierte Part unseres Teams. Mein Anliegen mit diesem Buch ist es, Ihnen aktuelle emotionale Tiefschläge und zukünftig mögliche digitale Höhenflüge aufzuzeigen. Uns verbindet in unserer Autorenschaft etwas, das wir mit Ihnen teilen wollen: die Freude, was alles heutzutage digital möglich ist!

Lena Doppel – Ihr Digital Coach

Mich haben Technologien schon als Kind fasziniert: Statt eines Puppenhauses wünschte ich mir eine Raumschiff-Enterprise-Kommandozentrale, und statt mit Puppen spielte ich lieber mit Matchbox-Autos, Lego und Matador. Als die ersten, noch recht bescheidenen Computer im Bekanntenkreis auftauchten, bestaunte ich diese Wundergeräte mit offenem Mund. Leisten konnten wir uns solch ein Wunderteil nicht, also musste ich warten, bis ich in der Oberstufe der AHS durch einen Lehrer das erste Mal mit einem Computer arbeiten konnte. Der Apple IIe, noch ohne grafische Benutzeroberfläche, konnte zum Programmieren verwendet werden. Eine Tätigkeit, die ich zwar verstand, die mir aber nicht besonders nah war. Ich wollte viel lieber lustige Sachen mit dem Computer anstellen. Kreative Sachen: mit ihm malen, spielen, reden. Es dauerte noch ein paar Jahre, bis es so weit war. Aber dann wurde ich zuerst zur Atari- und danach zur Apple-Macintosh-Benutzerin. Meine Spezialität ist das Bedienen eines Computers: Ich kann mich irgendwie hineinfühlen, sie machen überdurchschnittlich oft das, was ich von ihnen will (jedenfalls, wenn ich mich mit anderen Nutzern vergleiche). Als Informatikerin kenne ich ihre Grundstruktur und das, was Programme, Algorithmen und Daten ausmacht. All das bereitet mir keine Angst. Wenn mir etwas Angst macht, dann höchstens die Menschen, die Computer bedienen, um uns Schaden zuzufügen: Spione bei der NSA oder Abzocker, die unsere Computer mit Trojanern infizieren, oder Kriminelle, die uns Kreditkarteninformationen abluchsen wollen.

Mit Social Media verbindet mich eine ähnliche Geschichte: Anfang der 1990er-Jahre war ich bei der Gründung einer »Computerjugendmailbox« dabei. Damals eine revolutionäre neue Erfindung. Heute würde man ganz einfach nur Social Network dazu sagen. Aber in der Zeit gab es für Private keinen Internetzugang. Unser Social Network funktionierte noch ohne Internet: Wir erreichten unsere Server nicht über ein weltweites Netz, sondern über die Telefonleitung. Der Rest war gar nicht so verschieden zu heute: Wir konnten miteinander chatten, uns E-Mails senden, Dokumente austauschen, in lokalen Gruppen miteinander kommunizieren und internationale Foren, das Usenet mit seinen sogenannten Newsgroups, nutzen. Dies war für mich sensationell: Mit Menschen aus aller Welt zu kommunizieren, machte mir großen Spaß!

Beruflich ging ich dann für eine Weile in eine andere Richtung: Als das Internet Einzug hielt, arbeitete ich in der Unternehmensberatung und hatte zwar viel mit Computern und dem Internet zu tun, aber nicht allzu viel mit dem Internet als Kommunikationsmittel für Gruppen.

Erst zu der Zeit, als ich Katrin kennenlernte, begannen sich die beiden Welten wieder anzunähern: Social-Media-Dienste in Form von YouTube, Myspace, Facebook und Twitter erlebten Ende der Nullerjahre ihren ersten Höhenflug, und ich war mit dabei. Als freiberufliche Trainerin und frisch gebrandeter Digital Coach. Die Unternehmensberatung hatte ich zurückgelassen: Zu statisch erschien mir dieses Gewerbe, noch nicht bereit, sich den Veränderungen zu stellen. Zu Beginn war das Potenzial dieser neuen, plötzlich für alle verfügbaren Kommunikationstools für die meisten Menschen noch nicht absehbar.

Katrin war übrigens damals eine der wenigen Nicht-Freaks, die diese Entwicklungen genauso spannend fand wie ich, und so gingen wir gemeinsam auf Community-Treffs und bildeten uns fort. Was Katrin und mich verbindet, ist die Neugier und die Offenheit gegenüber Neuem. Wir fürchten uns erst mal nicht, sondern fragen uns: Wofür ist es gut? Was kann man damit machen? Oder aber natürlich auch: Wo müssen wir aufpassen, damit uns das keine Probleme macht? Wir lehnen nichts von vornherein ab, sondern bilden uns lieber zuerst eine eigene Meinung, um selbstbestimmt entscheiden zu können.

Kaum jemand kann sich ein exaktes und allumfassendes Bild davon machen, wo wir in Bezug auf die Auswirkungen der Digitalisierung aktuell stehen, wie sehr die voranschreitende und fast jeden Bereich durchdringende Digitalisierung und der Siegeszug des Internets unser Leben verändern. Denn für eines sorgt der digitale Wandel immer wieder: für Überraschungen. Es bleibt spannend, weltweit und jeden Tag aufs Neue.

War Ihnen eigentlich bewusst, dass dieser digitale Wandel auch beispielsweise immense wirtschaftliche Veränderungen mit sich bringt? Die technologischen Entwicklungen ließen in den vergangenen Jahren vollkommen neue wirtschaftliche Branchen, Unternehmenskonzepte und Strukturen entstehen. Diese haben vor keinem Kontinent Halt gemacht und waren von keiner anderweitigen Grenze zu stoppen. Es fanden und finden sich weiterhin neue Unternehmen, die noch vor zehn oder 20 Jahren nicht möglich gewesen wären. Die Vermittlung von Dienstleistungen über Online-Technologien ist ein gutes Bespiel dafür:

- Das weltweit größte Taxiunternehmen Uber hat selbst keine Fahrer fix angestellt, organisiert auch keine Dienstpläne oder trägt Kosten für die Reparatur von Fahrzeugen: Uber besitzt keine eigenen Taxis, sondern vermittelt Fahrer an mögliche Kunden.
- Airbnb, der weltweit größte Anbieter für Privatunterkünfte, muss diese nicht instand halten oder zuvor ankaufen. Die Airbnb-Webseite organisiert die Angebote nach Destinationen und Verfügbarkeiten, kümmert sich um Qualitätssicherung der Objektfotos, das Marketing und die einfache Kommunikation zwischen Anbietern und Interessenten.
- Ähnlich das Thema Telefonie: Keine eigene technische Infrastruktur im Sinne von eigenen Leitungen ist mehr notwendig, um wie zum Beispiel Skype als eines der größten Unternehmen weltweit Menschen miteinander ins Gespräch zu bringen.
- Die größten Einzelhändler der Welt, Alibaba und Amazon, müssen Waren nicht mehr im eigenen Bestand führen, um eine weltweite Kundschaft zu bedienen.
- Klassische Zeitungen und Magazine produzieren eigenen Content, was das populärste weltumspannende

Medienunternehmen, Facebook, nicht tun muss. Das erledigen brav die User selbst.

- Und zu guter Letzt: Apples App Store und Googles Play Store sind randvoll mit Programmen, für die diese beiden Anbieter keine Zeile programmieren mussten.

Diese Aufzählung zeigt eine tief greifende gesellschaftliche und wirtschaftliche Veränderung: Das Organisieren des Gefunden-Werdens von Dienstleistungen und Produkten hat eine neue Goldgräberstimmung in der IT-Branche ausgelöst. Kritiker sprechen von einer neuen Schicht an Mittelsmännern, die Mehrwert abschöpfen und das gesamte Risiko an die Nutzerinnen und Nutzer auslagern, die sie vermitteln. Wohin wird diese Reise weitergehen? In eine Zukunft voller digitaler Monopolisten und allumfassender Manipulation von Kundinnen und Anbietern? Keiner von uns weiß das so genau. Es bleibt ein ewiger Kampf, ein zähes Ringen um den Ausgleich an Interessen. Wenn man das schwerwiegende Wort »Kapitalismus« in den Mund nehmen möchte: Der digitale Kapitalismus sucht sich neue globale Vertriebswege.

Es wäre jedoch der völlig falsche Weg, sich in Bezug auf diese digitale Revolution wie ein Opfer zu fühlen und kulturpessimistisch den Kopf in den Sand zu stecken, oder? Viel besser ist es doch, sich selbst in die Lage zu bringen, mit einem fundierten Wissen versiert Entscheidungen treffen zu können und in den großen sozialen, wirtschaftlichen und politischen Fragen informiert zu sein, um zu wissen, wem wir unsere Stimme und Unterstützung geben. Wir wollen mit diesem Buch einen Rundumblick bieten, damit es kein Gefühl der Angst mehr in Ihnen gibt, sondern Sie sich mit diesen neu erworbenen Informationen selbstbestimmter bewegen können.

Wie bei jedem Thema, das Veränderungen mit sich bringt, sei es im Denken oder Handeln, besteht eine Vielfalt an Meinungen: Wir können die Chancen sehen oder die Gefahren. Dieses Buch will keine weltfremd und blauäugig verzerrte Darstellung der Digitalisierung skizzieren. Es ist uns ein Anliegen, jeden von Ihnen in Ihre Selbstverantwortung zu begleiten. Wie im realen Leben haben Sie es zumeist selbst in der Hand, *wofür* oder *wogegen* Sie sich entscheiden.

Zusätzlich besteht darüber hinaus ein politischer und sozialer Einfluss, dem Sie sich weder physisch noch online entziehen können. Ja, es gibt Dinge, die wir als Einzelne nicht unmittelbar bestimmen können. Dazu zählen: Welche Abkommen treffen einzelne Länder untereinander in Bezug auf Datensicherheit? An welche Datenschutzgesetze halten sich multinationale Unternehmen wie Facebook? Wie viele und welche Daten sammeln der Staat im Rahmen der Vorratsdatenspeicherung und Geheimdienste wirklich über uns? Was kann mit diesen Daten im schlimmsten Fall geschehen? Welche privaten Firmen sammeln und verknüpfen unsere Daten? Unser Chef? Unsere Kreditkartenfirma? Unser Supermarkt? Parteien und Verbände? Die Suchmaschine, die wir verwenden? Dunkle Gestalten, die unser Konto plündern wollen?

Manche Dinge im Umgang mit der digitalen Welt können wir als einzelne Person nur für uns allein oder in Abstimmung mit unseren Freunden oder unserer Familie lösen. Für andere Herausforderungen braucht es unser Miteinander, um gemeinsam Antworten und Lösungen zu finden. Auch davon wird in diesem Buch die Rede sein.

Im *ersten Teil* beschäftigen wir uns deshalb mit der Frage, wie neue Technologien entstehen, und was diese für uns und unsere Gesellschaft bedeuten.

Im *zweiten Teil* dieses Buches zeigen wir, wie diese Phänomene auf das Leben von uns als Einzelne einwirken. Mit unseren praktischen Anwendungstipps werden Sie im Nu einiges in Ihrem digitalen Leben zu Ihrem Vorteil ein- und umstellen können.

Und im *dritten Teil* widmen wir uns den gesellschaftlichen und politischen Phänomenen und Strukturen, die der

Wandel zur digitalen Gesellschaft mit sich gebracht hat: Welche rechtlichen Voraussetzungen erst geschaffen werden müssen und welche gesellschaftlichen Probleme durch digitale Technologien positiv und negativ beeinflusst werden. Die digitale Bürgerschaft bringt neue Rechte und Pflichten für den Einzelnen, aber auch in Bezug auf eine gelungene digitale Zukunft.

Natürlich gab und gibt es auch immer wieder Aha-Erlebnisse, die uns nachdenklich stimmen: Moderne Autos haben beispielsweise eine eigene IP-Adresse. Internet-Protokoll-(IP-)Adressen sind zwölfstellige Ziffernkombinationen, die ähnlich wie Telefonnummern einen Computer im Internet auffindbar machen. Wozu wird dies bloß im Auto gebraucht? IP-Adressen in Kombination mit einer SIM-Card verbinden den Autocomputer mit dem Internet. Autos werden somit zu einem Teil des »Internet of Things« (IoT). Das hat für jeden von uns ganz praktische Konsequenzen, über die kaum jemand Bescheid weiß: Man kann etwa ein Auto automatisch orten, wenn ein Unfall passiert. Aber das Fahrzeug kann auch per Internetfernbedienung ausgeschaltet werden: Dies wäre eine mögliche Konsequenz, wenn ein Fahrer seine Leasingrate nicht bezahlt hat. In Momenten, in denen solche Informationen herumschwirren, kann uns vieles durch den Kopf gehen: Wollen wir überhaupt, dass unsere technischen Besitztümer wie Auto, Mobiltelefon, Laptop & Co. erreichbar und somit wahrscheinlich auch zu orten sind? Was bedeutet das genau? So vieles bestimmt unseren Alltag, ohne dass wir es wissen. Dieses Beispiel rund um die IP-Adressen von Autos und ein Gespräch zwischen uns Autorinnen darüber, war der Auslöser, dass wir uns entschlossen, gemeinsam dieses Buch zu schreiben.

Wir werden Themen behandeln, die die meisten von uns jeden Tag betreffen: Die Privatheit in einer Welt voll scheinbar gläserner Menschen, unseren Datenschutz, die persönliche Identität und mediale Kompetenzen. Wie bei allem im

Leben gilt es, den richtigen Moment für das eigene »Nein« zu finden. Nämlich dann, wenn die Informationsfülle uns zu überwältigen scheint und wir uns die neue Kompetenz aneignen dürfen, wie wir aus all den digitalen Angeboten für uns Nützliches herausfiltern.

Seit der erste Faustkeil geschaffen wurde und Menschen Höhlenwände bemalt haben, gingen Technologie und Kommunikation Hand in Hand. Unsere Geschichte der Technik zeigt, dass jede Technologie zum Zeitpunkt ihrer Einführung zu Ängsten, Problemen und neuen Lösungen geführt hat. Diese Stimmungsbilder rund um digitale Technologien sind somit keine Ausnahme. Wir Menschen haben uns von jeher und immer wieder aufs Neue an alten Traditionen orientiert, wenn wir mit Neuerungen konfrontiert wurden. Schon allein, dass Sie ein Buch (als E-Book oder in gedruckter Ausgabe) in Händen halten, hatte vor Jahrhunderten für eine extrem große Veränderung gesorgt. Als vor einem halben Jahrtausend Gutenbergs Buchdruck und Luthers Bibelübersetzung sich verbreiteten, erhielten Schriftkundige Zugang zu einem zuvor von der Kirche hinter deren Mauern verschlossenen Wissen. Gläubige konnten sich nun selbst ein Bild machen und waren nicht mehr darauf angewiesen, was ihnen von der Kanzel gepredigt wurde. Natürlich war dies der Kirche suspekt, denn mit dem Zugang zu Wissen für viele war die eigene Deutungshoheit verschwunden und somit auch die Macht über Staat und Gesellschaft. Ähnlich verhält es sich heute: Wir können digital auf Wissen, Forschungsergebnisse und wirtschaftliche Entwicklungen zugreifen, die uns analog verwehrt waren. Es kann dies im Sinne eines Informationsüberflusses äußerst kritisch beäugt oder als Möglichkeit zu einer noch größeren Mündigkeit als Chance für ein Wachsen unserer Selbstbestimmung angesehen werden.

Vielleicht sollten wir jedoch immer wieder mal alle Entwicklungen auch von der humorvollen Seite betrachten, wie etwa dieses Internetfundstück: *»Früher war alles besser. Gestern zum Beispiel war Sonntag.«*

Ängste vor technischen Neuerungen

»Zu Tode gefürchtet ist auch schon gestorben.« – Kennen Sie diese Volksweisheit? Vor allem für technische Neuerungen galten und gelten diese Worte. Tätigkeiten, die heute zu unserem Alltag gehören und als etwas Grundlegendes angesehen werden, wurden bei ihrer Einführung ebenfalls eingehend gesellschaftlich betrachtet, aber mit einem schiefen Blick. Dazu zählte nicht nur der Buchdruck, sondern bereits zuvor die Erfindung des Schreibens. Skeptiker sahen in dem Festhalten von Daten und Historie eine dämonische Technologie. Es würde die Gehirne der Menschen verrotten lassen, war die weitverbreitete Ansicht, und dies sei auf jeden Fall zu verhindern. Gehirne, die nicht mehr gesund sind, also ihren Dienst uns Menschen verweigern und absterben – kommt Ihnen dies bekannt vor?

Bereits viel früher gab es ebenfalls einen großen Skeptiker und Kritiker des Schreibens, nämlich niemand Geringeren als den Philosophen Platon. Dieser legte dem ägyptischen König Thamus die Aussage in den Mund, dass das geschriebene Wort den Charakter der Menschen schwächen und in ihren Seelen Vergesslichkeit züchten würde. Menschen würden durch das Aufschreiben aus der Übung kommen, Dinge in ihrem Gedächtnis aufzubewahren. Ironischerweise haben seine Worte in genau dieser zweifelhaften Technologie die Jahrtausende überdauert, gegen die sie gerichtet waren: Sie wurden aufgeschrieben.

Manfred Spitzer, deutscher Psychiater und Psychologe, hat eine ähnliche Ansicht über die Nutzung von Computern und das Internet. In seinem Buch »Cyberkrank! – Wie das digitalisierte Leben unsere Gesundheit ruiniert« findet er viele Worte für die Vorgänge, die sich in unserer Gesellschaft vollziehen. Spitzer formuliert unter anderem: »Das Schweizer Taschenmesser des Informationszeitalters. Kein Tag vergeht, an dem man nicht junge Menschen sieht, die wie gebannt auf ihr Smartphone starren. Was früher das Schweizer Messer war, das man immer mit sich herumtrug und mit dem man schneiden, sägen, feilen, Schrauben drehen und noch einiges mehr tun konnte, ist im digitalen und vernetzten Zeitalter das Smartphone. Was auch immer junge Menschen heute tun, das Smartphone wird überall zugleich auch benutzt.«

Verursachen Ihnen negative Zukunftsprognosen ein Gefühl von Angst? Vielleicht ist es sogar so, dass Sie gar nicht genau wissen, warum Sie diese große Unsicherheit verspüren bzw. wovor Sie sich zu fürchten haben – und es beschleicht Sie ein ständiges Gefühl des Unbehagens. Wir Menschen haben heutzutage vor vielen oder zu vielen Themen Angst: sei es um unsere Existenz, unsere Gesundheit oder unsere Nachkommen. Die Wissenschaft ist laut dem Angstspezialisten und Autor Christophe André heute von einem doppelten Ursprung unserer Ängste überzeugt: In seinem Buch »Alles über Angst. Wie Ängste entstehen und wie man sie überwinden kann« beschreibt er einerseits die überwiegenden angeborenen Anlagen (individuelles Familienerbe, aber auch allgemeines Erbe der Gattung), andererseits die erworbenen – durch Umwelteinflüsse und unsere persönliche Biografie. Wir werden durch das, was uns umgibt bzw. die Meinungen anderer stark in unserem Angstgefühl gelenkt – in welche Richtung auch immer. Wie können wir dem entkommen?

Sicherlich nicht, indem wir unser Denkvermögen ausschalten und in rosarote Wolken der Ahnungslosigkeit entschweben. Auch ist ein plattes Wohlfühl- und Positive Thinking, wie es in Hunderten amerikanischen Selbsthilfebüchern beschrieben wird, vermutlich für die wenigsten eine nachhaltige Lösung. Aber es gilt nicht nur, rein das Denken zu lenken, sondern auch unsere Handlungen zu überdenken und gegebenenfalls in Richtung unseres persönlichen Wohlfühlfaktors zu verändern. Wie viel Zeit will ich neben beruflichen Jobbelangen online sein? Sollen meine Kids jeder ein eigenes iPad besitzen, und vor allem, was dürfen sie darauf bestaunen? Und wie kann ich mich und meine Online-Aktivitäten bestmöglich beschützen, mich also durch Wissen selbst absichern? Sich aber gleich in die Lage eines Profis im Sinne einer Programmiererin oder eines Programmierers zu bringen, scheint nicht sinnvoll. Zu zeitintensiv wäre es, wenn jede und jeder von uns sich plötzlich vom Anwender in Richtung Datencode-Schreiberling bringen müsste.

Die Angst vor technologischen Neuerungen ist also weder neu noch besonders originell. In seinem Plädoyer für einen gesunden Umgang mit digitaler Technik »Wie man im digitalen Zeitalter richtig aufblüht: Kleine Philosophie der Lebenskunst« zitiert der Brite Tom Chatfield Beispiele, wie die »neuen Technologien« von anno dazumal, also Bücher, den Menschen Angst und Schrecken einflößten. Erasmus von Rotterdam warnte Anfang des 16. Jahrhunderts – der Buchdruck erlebte gerade seine erste Blüte – vor einer unüberschaubaren Vielzahl an neuen Büchern. Seiner Meinung nach würde die daraus resultierende Informationsüberflutung eine schwere Gefährdung für das Lernen darstellen. Der damals noch in den Kinderschuhen steckende Kapitalismus bekam auch sein Fett ab: Geldgierige Drucker würden ihre Profite maximieren, indem sie »dumme, ignorante, gefährliche, beleidigende, verrückte, pietätlose und subversive« Bücher drucken würden. Stellen Sie sich vor, Erasmus könnte auf einen modernen Webbrowser zugreifen. Vermutlich würde ihn der Schlag treffen.

Tom Chatfield entlarvt auch den Philosophen Gottfried Wilhelm Leibniz als heimlichen Kulturpessimisten. Dieser, eigentlich ein Freund des Positive Thinking und der göttlichen Ordnung der Dinge, beschwerte sich ebenfalls über die abscheuliche, ständig mehr werdende Masse an Büchern. Er prophezeite, dass diese Entwicklung zu einem »Rückfall in die Barbarei« führen würde. Sogar die scheinbar ultramoderne These »Die Menschen werden nicht mehr miteinander reden« tauchte das erste Mal bereits im 17. Jahrhundert auf und wird dem verderbenden Einfluss des Buches zugeschrieben.

Aber die Liste der Buchtechnologieskeptiker geht noch weiter zurück in die Antike. Der Poet Callimachus bat seine Zeitgenossen, sich schriftlich kurzzufassen, und beurteilte »große« (lange) Bücher als »ein großes Übel«, und der römische Philosoph Seneca der Jüngere beschwerte sich, dass seine Zeitgenossen zu viel Zeit damit verschwenden würden, um zu viele Bücher anzuhäufen: »Zu viele Bücher sind nur Ablenkung.« Seneca empfahl, weniger Bücher zu besitzen, diese dafür öfter und genauer zu lesen, weil zu viel Information schädlich sei für die geistige Gesundheit. Auch diese Empfehlung kennen wir aus der heutigen Zeit. Allerdings betrifft die Warnung nicht mehr Bücher, sondern Webseiten, Computerspiele sowie Facebook, YouTube & Co.

Aber woher wissen wir, dass es diesmal nicht *wirklich* so ist? Wer von uns könnte mit hundertprozentiger Bestimmtheit sagen, dass uns die aktuellen digitalen Entwicklungen nicht tatsächlich ins Verderben stürzen und zum Ende der Menschheit führen? Natürlich wurden solche Szenarien bereits skizziert. Das haben beispielsweise bekannte Autoren bereits getan, wie etwa Frank Schirrmacher mit »Payback« und seiner Einschätzung »Der Mensch ist nicht nur ein Fleisch- und Pflanzenfresser, er ist auf dem Weg, ein gieriger Informationsfresser zu werden«. Und der Berliner Philosoph Byung-Chul Han mit »Psychopolitik«, worin er der Meinung ist: »Die digitale Kontrollgesellschaft geht heute von bloßer Überwachung zu aktiver Steuerung der Masse über. So stürzt sie uns in eine Krise der Freiheit.«

Bereits die Buchklappentexte dieser beiden Bücher hinterlassen einen schalen Nachgeschmack: »Okay, und wenn es so wäre, was könnten wir gemeinsam dagegen oder jeder von uns persönlich für das eigene Wohlgefühl tun?« Denn natürlich kann es vollkommen anders kommen. Unsere technologischen Entwicklungen lösen vielleicht morgen Probleme und Herausforderungen unserer heutigen Zeit. Krankheiten, energieraubende Tätigkeiten und verschwendete Umweltressourcen gehören dann der Vergangenheit an. Doch niemand wird dies absolut benennen können. Deshalb ist es umso wichtiger, dass wir unsere *Selbstbestimmung* achtsam und über weite Strecken wahren.

DIGITAL TRISTESSE – Katrin

Eine liebe Freundin postete auf Facebook: »Meine Mutter hatte bis vor Kurzem ein altes Handy in Verwendung. Zu ihrem 70. Geburtstag bekam sie nun ihr erstes Smartphone. Seither muss ich Fragen beantworten, wie: ›Tina, bitte erkläre mir, warum ich eine E-Mail-Adresse benötige. Ich will doch nur telefonieren!‹ Oder: ›Wozu muss ich mit WhatsApp telefonieren? Ich hab doch ein Handy dafür?‹«

DIGITAL HAPPINESS – Katrin

Aber die liebe Frau Mama meiner Freundin ist tapfer und gibt jeden Tag aufs Neue ihrem Handy und ihrer Tochter eine Chance. Sie hat sogar gefragt, ob es eine Handy-Universität gäbe – sie würde diese gern besuchen!

Wer sich selbst die Chance auf Weiterentwicklung nehmen, kulturpessimistischen und problemorientierten Technologiekritikern eher glauben möchte und der Meinung ist, dass die

Welt nicht mehr lange stehe, der sei nicht daran gehindert. Demokratie trägt den schönen Aspekt in sich, dass wir unsere Meinung frei wählen und äußern dürfen.

Wir glauben jedoch, dass es weitaus gesünder ist, die eigene Denkweise auf Lösungen zu fokussieren: Wofür sind gewisse technische Möglichkeiten nützlich? Was kann jeder Einzelne von uns damit anfangen? Was fühlt sich schädigend an und sollte deshalb nicht weiter ausgeführt oder genutzt werden? Und wo sind digitale Gewohnheiten und unsere persönliche Nutzung nicht mehr ausschließlich ein Thema, das jeden von uns allein betrifft, sondern eines, wofür beispielsweise unsere Gesellschaft neue Regeln schaffen muss?

Digitale Verdummung, gelenkte Aufmerksamkeit oder Happiness-Faktor?

Wissenschaftler prognostizieren Kindern, die mit Spielkonsolen, Smartphone & Co. aufwachsen, dass sie sich anders entwickeln als die Generationen davor: Regionen im Gehirn, wie etwa das Areal, das für die Aktion und Reaktion der Daumen verantwortlich ist, seien weitaus ausgeprägter. Unsere einzigartige Kompetenzzentrale, unser Gehirn, wird somit während des Heranwachsens und beim oftmaligen Spielen auf einer Konsole verändert. Bedeutet dies eine digitale Verdummung? Oder ist es ein natürlicher Zyklus, der uns Menschen seit jeher begegnet ist? Wie sonst hätten wir uns vom Affen in unsere heutige Gestalt wandeln können? Veränderung war dafür immer wieder aufs Neue notwendig.

Aber natürlich begegnen wir online manipulativen Eingriffen: Solveig erhielt beispielsweise vor sechs Monaten ihre

Krebsdiagnose. Verständlicherweise sucht sie seither immer wieder im Internet nach weiterführenden Informationen und bekommt plötzlich vermehrt Werbeangebote für Perücken angezeigt. Ihre Aufmerksamkeit wird digital gelenkt.

Kulturpessimisten wittern: Nicht wir suchen uns aus, welche Suchergebnisse für uns am relevantesten sind, sondern der äußerst gefährliche Algorithmus tut dies! Wie wir als Menschen allerdings 10.000 Webseiten händisch nach der für uns persönlich am relevantesten Information durchsuchen sollten, darauf haben Kritiker des Internets keine Antwort. Natürlich ist es wichtig, auf die Gefahr der Manipulation von Algorithmen hinzuweisen. Aber nicht der Algorithmus selbst trägt Schuld, wenn Suchergebnisse oder Informationsauswertungen manipuliert werden, sondern die Menschen, die diesen Algorithmus voller Absicht so programmierten. Schirrmacher ließ zwischen den Zeilen immer wieder anklingen, dass hier die Technologie quasi mit den Menschen Schlitten fährt. Wir finden, es wäre zu wenig weit gedacht, einfach auf das Werkzeug Algorithmus verbal einzuschlagen. Es brächte zwar billige Angstpunkte, trägt aber nicht zur Aufklärung über die Funktion von Computerprogrammen und die dabei oftmals – mystifizierte – verwendete Technologie bei.

Falls Sie sich gerade fragen, was ein Algorithmus überhaupt ist: Zuallererst mal kein mystisches Stück Technologie, das uns beherrschen will. Ein Algorithmus ist die Bezeichnung für einen festgelegten Ablauf von Handlungen zur Lösung eines Problems. Wer sich noch an eine Telefonzelle erinnern kann, kennt den Algorithmus, der an der Wand jeder Telefonzelle hängt: 1. Abheben. 2. Münze einwerfen. 3. Wählen. 4. Sprechen. 5. Auflegen.

Googles Erfolg als Suchmaschine basiert zum Beispiel auf der Nutzung eines komplexen Algorithmus, der Webseiten unter anderem danach beurteilt, wie populär diese im Netz sind: Bestehen viele Seitenlinks zu einer bestimmten Seite, dann wird diese in der Suche höher gerankt als eine Seite, auf die weniger Links verweisen. Googles Suchalgorithmus (der sogenannte »Page-Rank«, benannt nach seinem Erfinder Larry Page und nicht nach dem englischen Wort für Seite) nutzt also Informationen vieler Seitenbetreiber und fasst diese nur in seinem Suchalgorithmus zusammen.

Viel konstruktiver und besser adressiert wäre es, wenn man Larry Page dafür zur gesellschaftlichen Verantwortung ziehen würde und nicht Google. Mister Page selbst hat den Algorithmus ja geplant, entwickelt und geschrieben. Apropos verantwortlich: Mark Zuckerberg ist die zweite Person, die im Internet einen großen Wirkungsbereich aufweist. Seine mittlerweile weltweit täglich milliardenfach genutzte Erfindung muss sich ebenfalls der Kritik rund um technische Einflussnahme stellen. Der Facebook-Newsfeed-Algorithmus, der aus allen Postings von Freunden und gelikten Seiten auswählt, wird immer wieder als bedenklich angesehen.

Um unseren persönlichen Newsfeed zusammenzustellen, selektiert Facebook vorab, was an Postings zu sehen ist. Manche Facebook-Nutzer finden, das sei eine unzumutbare Bevormundung. Facebook verteidigt sich damit, dass der durchschnittliche Nutzer zu viele Freunde habe, und ungefiltert damit verwirrenderweise zu viele Postings sehen würde. Facebook wolle jedoch jedem User aufgrund seines Nutzerverhaltens die richtige »Experience« geben.

DIGITAL TRISTESSE – Katrin

Ich kann mich in meinen Facebook-Account nicht einloggen. Panik breitet sich in mir aus. Bin ich gehackt worden? Postet gerade jemand rassistische oder pornografische Inhalte in meinem Namen? Ich rufe Lena an. Schnell ist die Ursache gefunden. Mein

Profilname »Katrin Zita« ist dem Namen der bekannten Schauspielerin »Catherine Zeta-Jones« zu ähnlich (Ja, auch wenn Sie meinen Namen googeln, erscheinen Bilder des Hollywood-Stars). Seitens Facebook nimmt man mir die Echtheit meines Profilnamens nicht ab. Ich muss eine Passkopie hochladen, um mich als »echte« Katrin Zita auszuweisen.

DIGITAL HAPPINESS – Katrin

Bis Facebook dies überprüft und mich wieder freischaltet, vergehen ein paar Tage. Ich bin überrascht, denn ich genieße diese Zeit richtiggehend. Mal nicht scrollen und unzählige neue Informationen in Form von Postings erhalten. So sehr ich normalerweise meinen (Social-Media-)Alltag genieße, diese überraschende Auszeit tut mir gut. Es fühlt sich wie Urlaub an. Nicht wissen, was los ist bei anderen, sondern nur auf sich selbst konzentriert zu sein. In Gesprächen mit Online-Unternehmerinnen werde ich sogar richtiggehend beneidet, für einige Zeit nicht auf Facebook aktiv sein zu »müssen«. Erstaunlich, oder? Da sind wir erwachsen und trotzdem erleichtert und glücklich, wenn uns jemand wie in Kindheitstagen das Licht zum Schlafengehen, also den Zugang zum Facebook-Account, abdreht!

Wir werden jedoch nicht nur mit News von Freunden oder gelikten Seiten versorgt. Tatsache ist: Facebook verwendet den Algorithmus auch, um uns im Newsfeed immer wieder Werbung unterzumischen. Grundsätzlich funktioniert der Algorithmus folgendermaßen: Postings von Freunden, die wir häufiger kommentieren, liken oder teilen, sehen wir öfter als Postings von Freunden, mit denen wir weniger kommunizieren und interagieren. Postings, die Medienformen beinhalten, die bei Facebook-Nutzern grundsätzliche populärer sind als andere, also Videos und Bilder, werden bevorzugt angezeigt. Und aktuelle Postings von heute haben eine größere Chance gezeigt zu werden als drei Tage alte Postings.

Wer diese Vorauswahl durch Facebook nicht will, kann sich allerdings selbstbestimmt eine Liste mit allen Freunden anlegen und sieht dann alles von allen Freunden in chronologischer Reihenfolge. Oder man vertraut dem Facebook-Algorithmus grundsätzlich und passt diesen nur an: Pro Freund oder Seite kann man angeben, ob man dessen Postings gar nicht, bevorzugt oder normal in Newsfeed sehen will. Übrigens: Werbe-Postings erkennt man am fehlenden Datum des Postings. Statt »vor 2 Stunden« oder »1.11.2020« ist »gesponsert« zu lesen.

Digitales Tempo und neue Datenmengen: Ist alles schneller geworden?

»Alles wird schneller, bald kommen wir Menschen nicht mehr hinterher.« Haben Sie solche oder ähnliche Sätze nicht auch schon gehört oder selbst gesagt? Wir wollen diesen scheinbaren Verschlimmerungen unseres Lebenstempos mit Ihnen gemeinsam auf den Grund gehen, damit Sie ein besseres Bild davon gewinnen können, was Sie an Ihrem Kommunikationsrhythmus tatsächlich Kraft kostet: das Tempo oder Ihre Reaktion auf die an Sie gerichtete Kommunikation.

Objektiv gesehen braucht eine E-Mail nicht länger als ein Telegramm vor über 100 Jahren, um von einem Sender zum Empfänger zu gelangen. Oder denken wir an ein Fax, wir konnten auch vor unserem digitalen Postversand bereits sehr einfach und schnell Daten und Informationen rund um die Welt senden. Natürlich nicht in solch großen Datenmengen, wie uns dies heute mittels E-Mails möglich ist, die es übrigens bereits über 20 Jahre als kommerziellen Dienst gibt. Deshalb können wir an dieser Stelle getrost tief durchatmen, denn die Geschwindigkeit, mit der wir Botschaften von A nach B versenden, ist seit Jahrzehnten praktisch gleich. Trotzdem behaupten Medien und Experten immer wieder, die »Geschwindigkeit« der Kommunikation habe zugenommen. Was ist dran an dieser Sichtweise?

Subjektiv gesehen scheint es, als würde die Kommunikation immer schneller. Die Veränderung, die passiert ist, hat nicht unmittelbar mit der Geschwindigkeit der Sendezeit zu tun, sie ist jedoch eine unmittelbarerer Form der Kommunikation: Für das Versenden eines Telegramms mussten wir außer Haus gehen und für ein Fax eventuell von unserem Schreibtisch aufstehen. Heute ist dies vollkommen anders: Für eine E-Mail bleiben wir am Computer sitzen, und das Versenden einer SMS oder WhatsApp geschieht heutzutage locker und nebenbei aus der Hosentasche heraus. Wir sind kommunikativ vernetzter, die Wege, die wir zurücklegen müssen, um zu kommunizieren, haben sich auf null reduziert, und wenn wir wollen, können wir überall und ununterbrochen kommunizieren. Darin liegt die große Veränderung! Diese Leichtigkeit, mit der wir heute mit anderen und auch selbst als Person oder Unternehmen im Gespräch bleiben, macht eine große Faszination aus. So wird schnell mal ein Skype-Call zwischen persönliche Termine gesetzt und für die eigene Firma auf Facebook und Pinterest mit einem aussagekräftigen Bild geworben und dieses vielleicht auch auf Instagram hochgeladen. Wir sind zwar nicht beim Akt des Versendens unserer Informationen unbedingt schneller geworden, aber es gibt eine gravierende Veränderung, nämlich eine größere Vielfalt an Medienkanälen.

Auch, wie Informationen einlangen, hat sich verändert.

Während es früher eine Stunde oder einen halben bis ganzen Tag dauerte, bis uns Neuigkeiten erreicht haben, so vollzieht sich dies heute in einem Wimpernschlag. Stündliche Radionachrichten mögen es vielleicht noch schaffen, uns zu überraschen. Aber die Abendnachrichten oder die Tageszeitung von morgen bringen für viele von uns nur mehr die News von gestern. Oder die News, die uns das Internet schon vor Stunden brachte. Zwischendurch prasseln E-Mails herein. Wir sind auf vielen Kanälen für viele erreichbar und können uns fragen: Ist dies gesund? Wie können wir mit der Geschwindigkeit und mit der Menge an Informationen, die uns umgeben, umgehen, Schritt halten und nicht verrückt werden?

DIGITAL TRISTESSE – Katrin

Ich liebe Höflichkeit. Jede E-Mail sollte sofort von mir beantwortet werden – oder zumindest innerhalb von 24 Stunden. So dachte ich früher. Wenn ich nicht gleich antwortete, stellte sich innerliche Zerrissenheit bei mir ein. Insgeheim bewunderte ich Menschen, die gelassen blieben und sich auch mal länger Zeit ließen.

Nach dem Erscheinen meiner ersten drei Bücher, die alle zu Bestsellern wurden, steigerte sich mein Bekanntheitsgrad, und die interessierten Zugriffe auf mich wurden mehr und mehr. Sei es auf meiner Website oder bei der Anzahl der Anfragen in meiner Mailbox. Als Autorin und Coach war ich auch in den sozialen Medien präsent. Zusätzlich quälten mich technische Fragen: Wie erstelle ich ein neues Produkt auf Digistore24? Wieso verhält sich das Theme meiner Website wie eine Diva und zerstört nach jeder kleinen Änderung die gesamte Seite? Wie funktioniert ein Autoresponder meines Mailing-Systems? Und was ist mit dem Opt-in für meinen Newsletter plötzlich los? Das hat doch gestern noch funktioniert. Wie löse ich dieses technische Problem nun bloß? Ich hatte zu Beginn meiner beruflichen Laufbahn zehn Jahre als Bautechnikerin gearbeitet, unter anderem Pläne am Computer gezeichnet und bin versiert in technischen Belangen. Deshalb dachte ich lange Zeit, dass ich auch weiterhin alles, wirklich alles rund um Computer & Co. selbst umsetzen müsste – und war zutiefst genervt und erschöpft!

DIGITAL HAPPINESS – Katrin

Heute habe ich eine versierte virtuelle Ass also eine reale Person, mit der ich virtuell zusammenarbeite. Zusätzlich unterstützt uns ein tolles Web-Team. Ich selbst bin somit nicht mehr meine eigene Assistentin, Reisebüroagentin, Buchhalterin oder Grafikerin und Webmasterin, sondern widme mich wieder den Tätigkeiten, die ich liebe und die meine Berufung sind: Ich schreibe Bücher oder Blogbeiträge, kreiere die Inhalte von Online-Kursen und begleite Menschen als Coach persönlich zu mehr Klarheit und Glück auf ihrer Lebensreise. Natürlich gibt es weiterhin viele Bits & Bytes in meinem Leben. Aber sie überrollen mich nicht mehr, sondern ich forme etwas daraus, das mir und anderen guttut!

Doch nicht immer ist es so leicht, sich selbst in eine selbstbestimmte Lage zu versetzen. Ängste und Befürchtungen gab es seit jeher. Wir sind nicht die Ersten, die glauben, dass uns Geschwindigkeit in der Kommunikation oder beim Reisen schaden könnte. In England herrschten zur Eröffnung der ersten Eisenbahnlinie von Liverpool nach Manchester im Jahr 1830 große Bedenken und Aufruhr.

Die Menschen ängstigten sich, dass die Zugpassagiere bei den enormen Geschwindigkeiten von 30 km/h Schwierigkeiten mit dem Atmen bekommen könnten. Oder, so eine andere Befürchtung, ihre Augen könnten beschädigt werden, weil die Augäpfel sich an den Augenhöhlen stoßen und dabei verletzt würden.

In einem anderen Zusammenhang wurde ebenfalls die mögliche Geschwindigkeit der Kommunikation zu einem wichtigen Thema: Während der Französischen Revolution (1789–1799) – der mechanische Telegraf war gerade erst erfunden worden – wurde die neue, schnelle Kommunikationsform zu einem kriegswichtigen Vorteil. Deshalb beschloss das französische Parlament ein Gesetz, das es Privatpersonen verbot, Botschaften mit der Hilfe von mechanischen Mitteln von A nach B zu versenden. Diese frühen Techniken waren zum Beispiel die Übermittlung mit Flaggenalphabeten oder durch Lichtzeichen mit Blinkspiegeln, die sogenannte optische Telegrafie. Wer es trotzdem tat, wurde mit Strafen von bis zu einem Jahr Gefängnis bedroht.

Eine festzustehende Tatsache scheint zu sein: Glücklicher lebt, wer das Gefühl hat, seine Kommunikation selbst bestimmen zu können. Aber auch vor 100 Jahren war es theoretisch möglich, sich selbst unglücklich zu machen, indem man zum Beispiel vor dem Telegrafenamt kampierte, um jedes Telegramm seiner angebeteten Liebsten sofort zu lesen und in der nächsten Sekunde zu beantworten. Die Frage ist: Warum tun wir es heute? Wieso heben die meisten von uns das Mobiltelefon immer ab und schalten es nie aus? Oder beantworten E-Mails binnen einer Stunde, unsere beruflichen E-Mails auch am Wochenende und eine einlangende SMS sofort?

DIGITAL TRISTESSE – Katrin

Bei Treffen mit Freunden, während beruflicher Termine und generell: Ich nutzte früher jede Pause, ja, auch die Pause, wenn mein Gegenüber auf die Toilette ging, um einen Blick auf mein Smartphone zu werfen und Nachrichten zu checken. In Wahrheit war ich danach nicht mehr ganz bei der Sache. Irgendwann begann ein Umdenken. Ein Post auf Facebook unterstützte meine neue Sichtweise: »Das Smartphone zur Seite legen und der Person, mit der man sich gerade unterhält, volle Aufmerksamkeit schenken. Dafür gibt es eine tolle App. Sie nennt sich ›Respekt‹.«

DIGITAL HAPPINESS – Katrin

Ich drifte während einer kurzen persönlichen Abwesenheit meines Gegenübers nicht mehr in digitale Welten ab. Mein Smartphone bleibt während eines Treffens in meiner Tasche. Mein Gegenüber erhält meine volle Aufmerksamkeit. Es ist ein neues Gefühl von Wertschätzung: meinen Mitmenschen und auch mir selbst gegenüber.

Wer zwingt uns dazu, wie manisch zu kommunizieren? Andere? Einmal abgesehen vom Fall eines distanzlosen Chefs, sind es in den meisten Fällen wohl wir selbst, die unseren eigenen Kommunikationswerkzeugen und -möglichkeiten auf den Leim gehen und uns selbst auszuliefern scheinen. Gegen den genannten Fall des distanzlosen Chefs hilft vielleicht der Betriebsrat. Aber wer hilft uns gegen uns selbst? Gegen unser kommunikationshungriges Ich, das bis Mitternacht minütlich den Facebook-Feed nach neuen Nachrichten abgrast? Technologie ist grundsätzlich dazu da, uns das Leben zu erleichtern. Tut sie dies nicht, dann müssen wir uns selbst an der Nase nehmen und uns fragen: Wie können wir unseren Umgang damit verbessern?

DIGITAL TRISTESSE – Katrin

Das Alarmsignal ertönte morgens. Ich griff zu meinem Handy und stellte es ruhig. Wenn ich allein schlief, entsperrte ich im nächsten Moment das Display und begann mit meiner täglichen Routine: also schnell mal drei, vier Kommunikationskanäle abzurufen. Zuerst las und beantwortete ich SMS-, WhatsApp- und Messenger-Nachrichten. Dann sah ich nach, was auf Facebook über Nacht passiert war, und checkte meine E-Mails. Zwar tippte ich nicht gleich auf meinem Handy los, aber ich begann in Gedanken und während ich im Bad war, Antworten auf die über Nacht eingelangten Anfragen zu formulieren.

DIGITAL HAPPINESS – Katrin

Ich habe mir einen analogen Wecker gekauft. Nach dem Erwachen bleibe ich einige Minuten ruhig liegen, spüre in mich hinein und stelle mir Fragen, die in etwa so lauten: »Wie soll sich mein Tag heute entwickeln? Mit welchen Menschen möchte ich schöne Momente erleben? Worüber werde ich mich heute freuen?« Während des Zähneputzens sehe ich mir im Spiegel in die Augen. Anfangs pinnte ich mir ein gelbes Post-it zum Waschtisch, damit ich dies nicht vergesse und mich nicht selbst zu einer Nebensächlichkeit bei meiner Morgenhygiene werden ließ. Heute weiß ich, wie sehr mich dies zentriert, bevor ich weiter in den Tag hineingehe: Mit einem klar ausgerichteten Geist lässt es sich leichter erfolgreich sein, also reich an dem, was man zum Erfolg bringen will.

Kennen Sie diese Situation? Sie gehen am Morgen an Ihren Arbeitsplatz, beginnen, am Computer Ihre E-Mails zu checken, sehen einen gefühlten Augenblick später auf die Uhr und stellen fest, dass es Zeit fürs Mittagessen ist. Oder Sie fragen sich abends: »Was habe ich heute eigentlich gearbeitet?« Bei vielen After-Work-Treffen wird dann gemeinsam über die Menge an neuen Anforderungen gestöhnt und die Anzahl der ungelesenen E-Mails miteinander verglichen. Wer ist besser dran? Sybille, die jeden Tag alle E-Mails abarbeitet, dafür jedoch Stunden braucht und mit ihren Projektfortschritten hinterherhinkt. Oder Mike, der über 1.000 ungelesene Nachrichten in seiner Mailbox hat, und meint, dass sich allein dadurch bereits 70 Prozent davon erledigt hätten? Wie könnten beide ein gutes Timing für die Abfolge ihrer Projekttätigkeiten und Kommunikation finden?

Julie Morgenstern beschreibt in ihrem Ratgeber »Never Check E-Mail In the Morning: And Other Unexpected Strategies for Making Your Work Life Work« die möglichen fatalen Folgen dieser Herangehensweise im Arbeitsalltag. Sie rät, dass wir, um wirklich erfolgreich zu sein, fixe Zeiten vereinbaren sollten, in denen wir unsere E-Mails lesen »dürfen«. Und, wie der Titel verrät, sollte vor allem der Morgen möglichst »mail-befreit« sein. Eine spannende Ansicht, oder? Wir sollten uns somit selbst, wie früher zu unserer Schulzeit, einen Stundenplan kreieren, der unsere Produktivität unterstützt. Vielleicht tut es vielen von uns ja auch gut, mal das digitale Schreiben beiseitezulassen und mit althergebrachtem Papier und Stift Antworten auf Fragen aus unserem Inneren zu finden, bevor wir im umtriebigen Außen agieren?

DIGITAL TRISTESSE – Katrin

Während ich mir morgens einen Kaffee machte, stellte ich früher zumeist irgendein Lernvideo auf YouTube an. Dann nahm ich meine Tasse, setzte mich an meinen Laptop und begann, die seit dem Aufwachen im Kopf herumschwirrenden Antworten auf Nachrichten und Mails zu tippen. Ich war damals morgens zu schnell digital unterwegs.

DIGITAL HAPPINESS – Katrin

Vor dem Schlafengehen lege ich ein paar Bögen Papier und meine Füllfeder auf den Küchentisch. In der Früh bereite ich mir mein Morgengetränk zu und setze mich vor die weißen Blätter. Dann beginne ich, zu schreiben. Ich finde Antworten auf folgende Fragen: Was beschäftigt mich gerade? Welche Gedanken lenken meinen Geist und dadurch auch mein Leben? In welche Richtung will ich meinen Tag heute weiterführen? Das sanfte Gleiten der Feder über das Papier lässt mich in den Fluss kommen. Manches, was zuvor stockte, löst sich und beginnt, sich seinen Weg zu formen. Nach zehn bis 15 Minuten des Schreibens fühle ich mich geistig gestärkt. Bereits seit Jahren habe ich dieses meditative Schreiben auf Reisen geschätzt, mittlerweile ist es auch in meinen Alltag integriert. Ich nenne es liebevoll »Yoga mit Stift«.

Danach ist es Zeit, zu frühstücken und auch meinem Körper Kraft zu schenken. An Tagen wie heute, an denen ich an einem Buch schreibe, »darf« ich mich sofort mit meinem Morgengetränk an meinen Laptop setzen. Dieses achtsame Tippen meiner Zeilen an Sie, liebe Leserinnen und Leser, tut meiner Seele gut. Es ist nicht nur ein rein technischer Akt, sondern ich habe die Möglichkeit, durch dieses Wandeln meiner Gedanken in digitale Bits und Bytes mit Ihnen in einen Austausch gehen zu dürfen. Von Mensch zu Mensch.

Ein ebenso großes Problem stellt die Fülle an Informationen, die uns umgibt, für unsere Entscheidungsfindung dar. Während wir früher nur eine gewisse Menge an Informationen zur Verfügung hatten, um uns vor einer Entscheidung zu informieren, können wir heute theoretisch das Internet nach immer neuen und besseren Informationen absuchen. Allerdings kann uns das in unserer Entscheidungsfähigkeit auch lähmen.

Leider ist zu viel Auswahl nicht immer gut: Zahlreiche Studien beweisen die steigende Unzufriedenheit, wie etwa das 1995 durchgeführte Marmeladenexperiment, bei vielen, die sich näher mit diesem Thema beschäftigen, bestens bekannt. Damals blieben deutlich mehr Supermarktbesucher vor einem Marmeladenstand stehen und probierten von den einzelnen Sorten, wenn die Auswahl geringer war. Bei der Anzahl von 24 Sorten wurde das Testen vermieden und zumeist vorbeigegangen. Als die Sorten auf sechs Stück Marmeladen zur Auswahl reduziert worden waren, stieg der Marmeladenverkauf deutlich.

Warum ticken wir Menschen so? Wieso verleitet uns weniger zu mehr? Die Antwort ist zwar erstaunlich, doch verständlich: Ein Überangebot an Möglichkeiten bringt eine hemmende Wirkung auf unsere Entscheidungsfindung mit sich. Es stellt sich sogar Unzufriedenheit ein! Warum? Ganz klar, nach langem Hin und Her haben wir uns endlich für eine Sorte von Marmelade entschieden und müssen ernüchtert feststellen, dass wir nun aber auch stets im Hinterkopf haben, dass vielleicht die Option X, also eine Marmelade mit einem anderen Geschmack, noch viel besser gemundet hätte.

Zurück zum World Wide Web: Gerade für den Typus eines Perfektionisten, der alles bedenken will, bevor er sich für etwas entscheiden kann, bedeutet diese Möglichkeit des Internets ein echtes Dilemma: Wie soll ich mich entscheiden, wenn ich das Gefühl habe, noch nicht genug zu wissen?

Wann weiß ich, dass ich genug weiß, wenn ich nicht einmal alle möglichen Quellen an Information über mein Problem kenne?

Dieses Phänomen ist von psychologischer Natur. Das Internet vermittelt uns eine Scheinrationalität endloser, aber vor allem wahrhaftiger Information. Dies ist ein Versprechen, das es nicht einlösen kann. Denn Informationen aus dem Internet sind in vielen Fällen genauso gut oder schlecht wie die von unserem Nachbarn nebenan oder dem Händler über der Straße. Nicht alles ist wahr und richtig, was auf Webseiten und Co. zu lesen ist. Unsere eigene Entscheidungskraft und vor allem unsere Intuition spielen dabei wichtige Rollen. Wir müssen uns der pseudorationalen Verführung durch Online-Informationen gewahr werden: Sammeln ja, aber mit der Zeit, die wir mit Suchen verbringen, und der Flut an Information nimmt auch die Menge an unbrauchbarer Information zu. Viel besser wäre es, sich bereits zu Beginn einer Informationssuche einen Endzeitpunkt mit sich selbst auszumachen und zu diesem – nach bestem Wissen und Gewissen – einfach zu entscheiden. Um ihr zu entkommen: der Qual der digitalen Wahl!

Die Qual der digitalen Wahl

So verheißungsvoll uns das Internet weltweit vernetzt und uns fast kostenfrei Kommunikation rund um den Erdball ermöglicht, so sehr kann es uns mit seiner schier endlosen Vielfalt an Information regelrecht überfluten. Vor allem unser Arbeitsalltag ist davon betroffen. Viele stöhnen, dass sie sich den technischen Anforderungen vollkommen ausgeliefert fühlen. Als seien es die daraus entstehenden Informationen, die uns Menschen steuern. Dürfen wir Sie mit einer neuen Sichtweise zur Ruhe kommen lassen? Ein Auto wird ebenfalls von uns Menschen gesteuert. Wir müssen nicht befürchten, dass es ohne uns wohin fährt oder gar ohne uns losfährt. Nein, vielmehr sind wir am Steuer und lenken uns sicher an unser Ziel. So ähnlich dürfen wir dies zukünftig in digitalen Belangen sehen: Wir sind die Herrinnen und Herren der Lage!

Vielleicht helfen Ihnen schnell wirkend Ihre Antworten auf folgende Fragen: Was ist wichtig? Was könnten Sie getrost weglassen? Wie reagieren Sie darauf, wenn mit Ihnen kommuniziert wird? Wann verlieren Sie sich in zu viel Kommunikation, also kommunizieren nur noch, um zu kommunizieren? Vor allem unter Jugendlichen gängige Ansichten sorgen bei Erwachsenen für Erstaunen. Es wird mittlerweile als absolut notwendig angesehen, jeden Tag einige Male zu posten. »Die anderen würden sonst denken, ich erlebe nichts«, so der 15-jährige Max. Aber auch wir Erwachsenen unterwerfen uns dem Diktat der Tastatur. 70-Jährige tippen mit den Youngsters am Smartphone um die Wette, denn auch der Altherren-Segeltörn im Mittelmeer will digital mit anderen geteilt werden. Jedes Posting und jede E-Mail oder jedes gepostete Foto will Aufmerksamkeit. Von dem, der es erstellt, wie von denen, die es empfangen. Man neigt dazu, immer informiert sein zu wollen. Bei der ansteigenden Informationsflut ist dies eine immense Herausforderung.

Wir müssen jeder für sich selbst entscheiden, was und wie viel an Information wir zu uns nehmen wollen. Gute Entscheidungshilfen sind die Antworten auf diese weiteren Fragen: Steigert diese Information Ihre Produktivität? Oder Ihre Stimmung? Kann diese Information Ihnen zukünftig nutzen? Oder stellt sich ein diffuses Unbehagen und ein Gefühl des Genervt-Seins ein? Fühlen Sie sich vielleicht aus irgendwelchen Gründen dazu verpflichtet, diese Information weiterhin zu empfangen? Oder würden Sie sich lieber beispielsweise von einigen Newsletterlisten zukünftig abmelden?

Eines ist sicher: Information und Kommunikation sind heute wichtige Bestandteile in den meisten Jobs, sei es als E-Mail, auf Facebook, auf Webseiten und in Online-Zeitungsartikeln. Nur sollten wir nie vergessen: Dies alles sind Bestandteile unseres Jobs, aber nicht unser Job an sich. Kaum ein Beruf hat als Job-Description das Verwalten von E-Mails angeführt. Doch von uns allen und in jeder Branche wird vorausgesetzt, dass wir mit diesem Informationskanal bestens umgehen können. Was auch zumeist zutrifft.

Sich dieser Tatsache bewusst zu werden, hilft bereits, die ersten Schritte in Richtung digitaler Selbstbestimmung wahrzunehmen und gut weiterzugehen. Sehen Sie die heutige Informationsvielfalt als Chance! Sie haben zu jeder Zeit und an fast jedem Ort Zugang zu Vielfalt statt Einfalt. Nicht nur in beruflichen Belangen darf Ihnen der Sinn nach Informationsvielfalt stehen. Ihr digitales Leben serviert Ihnen nicht nur Wasser und Brot, sondern Sie können aus einem breiten Spektrum wählen. Sie können etwa neben dem althergebrachten Fernsehen auch mit der App diverser Fernsehanstalten verpasste Sendungen nachsehen. Wonach steht Ihnen der Sinn? Sie sind am Puls der Zeit, weil Sie wählen können!

Und wie im realen Leben dürfen wir auch hier ein paar Regeln beachten, die es uns leichter machen. Sei es, dass wir bewusst entscheiden, wie wir mit vertraulichen Informationen umgehen, die etwa via Mail in unser Postfach flattern. Weitergeleitet ist via Knopfdruck schnell etwas, aber hätten wir auch früher einen an uns gerichteten vertraulichen Brief in einen Umschlag gesteckt und an jemand Dritten gesandt? Es bedarf unserer Achtsamkeit, was wir weitergeben oder zu uns nehmen. Wenn wir nicht aufmerksam sind, beschweren wir uns mit viel zu viel digitalem Ballast. Unser Ziel darf es jedoch sein, uns in all diesen technischen Dingen unsere Lebendigkeit zu bewahren. Dies geschieht aus Ihrer bewussten Entscheidung heraus, wann, wo und wie Sie an Sie adressierte Informationen abrufen wollen. Wir sitzen alle nicht permanent neben unserem Briefkasten. Also dürfen wir uns auch digital die Freiheit schenken, zu wählen, wann wir unserem Mail-Postfach Beachtung schenken. Einmal, zweimal oder stündlich tagsüber?

DIGITAL TRISTESSE – Katrin

Auf meinem Schreibtisch tummelten sich mein Laptop, meine beiden Telefone und mein Kindle-Reader. Meine Workingstation ist somit ein technischer Hotspot. Mein Blick fiel auf nichts Lebendiges.

DIGITAL HAPPINESS – Katrin

Heute ist dies anders: Ich sitze vor meinem Schreibtisch und schreibe für Sie auf meinem Laptop. Ein Glas Wasser und eine Tasse Tee stehen daneben, mein Notizbuch liegt rechter Hand. Ich bin hochsensibel und spüre beispielsweise Stimmungen, Worte und Farben sehr intensiv. Dies gilt umgekehrt auch für die leblose Energie, die Technik mit sich bringt. Deshalb verschönert etwas für mich äußerst Bedeutsames meine kreative Zone: Blumen! Egal, wo ich bin, ob zu Hause oder in einem Hotel: Ich achte darauf, dass ich beim Arbeiten auf etwas Lebendiges blicke. Entweder Blumen oder auch mal eine Schale Obst.

Ein einfaches Rezept hilft Ihnen, Ihre eigene Informationsdiät zu definieren: Überessen Sie sich nicht! So, wie wir nicht erwarten können, gesund zu bleiben, wenn wir uns nur von Junkfood ernähren, ist es auch mit digitalem Fastfood. Wählen Sie die Informationen, die Sie konsumieren wollen, gezielt aus. Und, wann Sie diese erhalten wollen: Dies betrifft vor allem berufliche E-Mails. Viele lösen dies, indem sie auf ihrem privaten Computer und Smartphones eben nur private E-Mails empfangen. Immer mehr Angestellte von Großkonzernen legen am Wochenende das Firmenhandy zur Seite und nehmen das private Telefon zur Hand. Mit der Besonderheit, dass sie darauf zwar früher mal den Firmen-E-Mail-Account ebenfalls empfingen, mit dem Gefühl einer neuen Selbstbestimmung diesen jedoch wieder deaktivierten. Das Wochenende wird so wieder zu echter Freizeit. Unternehmen wie Henkel weisen beispielsweise von sich aus darauf hin, dass über die Weihnachtsfeiertage keine E-Mails innerhalb der Firma versandt werden sollen, damit alle Angestellten diese besinnliche Zeit mit der Familie und in Ruhe verbringen könnten. So bleiben Feiertage, der Feierabend und das Wochenende genau das, was sie sein sollen: Ihre Freizeit!

Sie wollen zu einem bestimmten Thema mehr wissen? Okay, aber dann müssen es zumeist nicht zehn Artikel sein, die Sie schnell überfliegen. Wählen Sie besser vorab jenen aus, der Ihnen das gewünschte Thema am besten näherbringt. Welcher davon passt am besten zu der Aufgabe, die Sie mit Ihrem erweiterten Wissen lösen wollen?

- Selektieren Sie!
  Denn genau dafür bietet das Internet eine Vielzahl an Hilfestellungen. Es unterstützt Sie bestens dabei, die angebotene Vielfalt schnell zu überblicken und einordnen zu können.
  Was ist wichtig? Was kann aussortiert werden?
  - Wissenschaftliche Artikel haben Abstracts.
  - Berichten ist oft ein Executive Summary vorangesetzt und
  - über Fachbücher finden Sie entweder einen zusammenfassenden Wikipedia-Artikel oder Sie können ein Service abonnieren, das Ihnen die wichtigsten

Aussagen des Buchs zusammenfasst, wie z.B. die im Moment sehr populäre App »Blinkist«.

- Oder, im Fall einer Diskussion in Ihrer Firma: Vor allem in großen Unternehmen ist es üblich, viele Empfänger in den E-Mail-Verteiler, oftmals kaum Beteiligte, in Kopie zu setzen. Möglicherweise erspart Ihnen ein kurzer Anruf bei einem versierten Kollegen 28-teilige E-Mail-Threads zu lesen, also einer (Internet-)Diskussion zu folgen, die kein Ende findet.
- Und schlussendlich beantworten Ihnen Suchmaschinen, Blogs und FAQ-Seiten (Frequently asked questions) oftmals punktgenau Ihre Fragen.

■ Setzen Sie Prioritäten!
Das ist oftmals leichter gesagt als getan. Doch glücklicherweise gibt es genügend Tricks, die Ihnen dabei helfen. Welcher Grundtypus sind Sie? Wollen Sie lieber ein striktes Zeitmanagementsystem wählen? Dann wäre die von Managementberater David Allen entwickelte Methode etwas für Sie:
»Getting Things Done«: Schreiben Sie konsequent alle Aufgaben auf, die Ihnen durch den Kopf schwirren! Er rät, dies in folgende Kategorien zu unterteilen: erfassen, durcharbeiten, organisieren, Durchsicht/Kontrolle und erledigen. Das Ziel dieses Aufschreibens und Notierens unserer Aufgaben ist es, dass wir effizient und belastungsfrei arbeiten, da wir nicht befürchten müssen, etwas zu vergessen.
Eisenhower-Matrix: Dieses Modell hat die Dringlichkeit als Priorisierung. In die sogenannte Eisenhower-Matrix, die aus vier Quadranten besteht, tragen Sie Ihre Aufgaben in folgende Kategorien ein:
- *nicht dringende, aber wichtige Aufgaben*
- *dringende und wichtige Aufgaben*

- *dringende und nicht wichtige Aufgaben*
- *nicht dringende und nicht wichtige Aufgaben*

Der Erfinder dieser Einteilungsform, Dwight D. Eisenhower, war übrigens von 1953 bis 1961 US-amerikanischer Präsident. Er verstarb 1969 und hatte anscheinend schon vor den Zeiten von Internet und E-Mail viel zu viel zu tun!

■ Recherchieren Sie und vergleichen Sie Informationen! Ein beliebter und oft in sozialen Netzwerken geteilter Bildkommentar zeigt ein Foto des US-amerikanischen Präsidenten Abraham Lincoln (1809–1865) und daneben: »›Glauben Sie nicht alles, was Sie im Internet lesen, nur weil es neben einem Foto als Textzitat steht.‹ – Abraham Lincoln« Auf intelligente Art und Weise macht sich dieses natürlich gefälschte Zitat über den Umstand lustig, dass Menschen dazu neigen, zu glauben, was sie sehen. Ein Artikel in Wikipedia kann faktisch besser sein als ein anderer in einem 20-bändigen Konversationslexikon. Es ist jedoch schwierig, dies einzuschätzen. Genauso wenig, wie Sie Wikipedia grundsätzlich *misstrauen* sollten, sollten Sie irgendeiner anderen Quelle grundsätzlich *vertrauen*. Recherchieren Sie in mehreren Quellen. Schauen Sie sich in einem lexikalischen Eintrag die Primärquellen an und recherchieren Sie weitergehend. Glauben Sie weniger, zweifeln Sie ruhig mehr. Wir möchten nicht, dass Sie als äußerst misstrauischer Mensch durch die Welt gehen, aber auch wissenschaftliche Erkenntnisse sind keine absoluten Wahrheiten, sondern nur so lange gültig, bis sie widerlegt werden. Naturgesetzen wie der Schwerkraft können Sie vertrauen, Behauptungen anderer Menschen nur bedingt.

Wahrscheinlich rattern bereits viele konstruktive Gedanken durch Ihren Kopf. Neue Möglichkeiten zeigen sich, wie Sie Ihren Alltag von digitalem Ballast befreien und leichter Entscheidungen treffen können.

Nehmen Sie sich doch gleich oder am nächsten Wochenende ein paar Momente Zeit und durchforsten Sie Ihre Informationskanäle und Ihr diesbezügliches Gefühlsleben: Wo fühlt es sich beschwerend an? Gibt es etwas, das Sie besonders nervt? Wer soll Sie nur noch wie (also via E-Mail, WhatsApp, Messenger etc.) und wann erreichen können? Welche Maßnahme einer Datenreduktion würde Sie am meisten erleichtern (z.B. Newsletter aussortieren)? Angeblich blicken wir im Sieben-Minuten-Takt auf unser Telefon. Was könnte dagegen helfen? Vielleicht gar das Abschalten Ihres Smartphones zu bestimmten Zeiten (spätabends, bei Treffen mit Freunden, im Restaurant)? Sie werden sicherlich auf einige Ideen kommen. Diese dürfen vollkommen individuell sein. Jeder von uns sollte sein persönliches digitales Wohlgefühl entwickeln. Es ist nicht wichtig, ob andere Ihrer Meinung sind. Sie sind am Drücker (on – off) und dürfen darüber entscheiden, wann und wofür Sie verfügbar sind!

Digitale Überwachung: Wie durchschaubar sind wir wirklich?

Für die einen ist er der Held des Jahrhunderts, für die anderen Staatsfeind Nr. 1. Die Rede ist von Edward Snowden, IT-Profi, Hacker, Geheimnisverräter, NSA-Überwachungsskandal-Aufdecker, Whistleblower: Snowden lieferte detaillierte Einblicke in die Überwachungs- und Spionagepraktiken von Geheimdiensten. Für die CIA und NSA war er zuvor als Systemadministrator von Programmen zur Überwachung der weltweiten Internettätigkeit involviert. Snowden sorgte jedoch dafür, dass diese Informationen über die Aktivitäten an die Öffentlichkeit gelangten. Seither ist klar: Unser aller Internet wird flächendeckend überwacht.

Aber, Hand aufs Herz: Haben Sie Ihr Online-Verhalten aufgrund dieser Enthüllungen drastisch geändert? Bereitet Ihnen die Vorratsdatenspeicherung, die die EU als Antwort auf die gefühlte und kommunizierte Bedrohung durch Terroristen eingeführt hat, schlaflose Nächte? Ja? Nein? Die meisten Menschen werden diese Frage vermutlich mit »Nein, aber ...« beantworten: Nein, wir haben keine schlaflosen Nächte. Nein, wir fürchten uns nicht zu Tode. Aber ein diffuses Unbehagen, das Gefühl, nicht genau zu wissen, woran wir mit all diesen Aufdeckungsinformationen und der gelebten Praxis der Überwachung sind, bleibt.

Das ist gut so! Denn würde es Edward Snowden nicht geben: Wir müssten ihn erfinden! Er hat uns drastisch und plakativ klargemacht, dass es wichtig ist, unsere Online-Erlebnisse zu reflektieren und zu sortieren. Kurzum: Wir sollten uns Gedanken darüber machen, was wir online so treiben. Und vor allem: Was wir besser sein lassen sollten.

Im Sommer 2015 ging die Nachricht durch das Netz, dass das große kanadische Seitensprung-Portal »Madison Ashley« gehackt worden war. Millionen an Nutzerdaten, E-Mails und teilweise Kreditkarteninformationen seien den Hackern in die Hände gefallen. Die Hacker veröffentlichten damals die E-Mail-Daten, und so konnten hämische Zeitgenossen aller Länder nachsehen, wie viele Menschen (fast alle im Übrigen Männer) sich aus ihrem Land mit offiziellen Firmen- und sogar Verwaltungs-Mail-Adressen zum Seitensprung verabreden wollten. Wenig später gab es zwar ein Dementi: Viele der Profile seien gefälscht, die Existenz einer E-Mail-Adresse sei kein Beweis, dass dieser Nutzer sich tatsächlich selbst angemeldet hatte. Fazit ist jedoch: Wie im »echten« Leben gibt es auch im virtuellen die Gefahr, auf Betrüger hereinzufallen oder ungefragt zum Handkuss zu kommen, wenn Informationen im Netz verbreitet werden, die man besser diskret verschwiegen wüsste. Verhindern kann ein Einzelner solche Entwicklungen nicht. Aber das Wissen um solche digitalen Hacker-Fälle hilft bei der Einschätzung der Gefährlichkeit unserer Informationseingabe im Internet.

In diesem genannten Fall spielte es eine Rolle, dass Kreditkarteninformationen gehackt wurden: Diese Form des Diebstahls ist eine Gefahr, die dem Bestehen des Internets per se zugeschrieben wird. Doch auch, wenn heutzutage viele Kreditkarteninformationen online gestohlen werden, ist der massenhafte Diebstahl solcher Informationen keine Erfindung des 21. Jahrhunderts. Jede Kundendatenbank, auch eine, die nicht mit dem Internet verbunden ist, übt seit jeher Faszination auf Diebe aus, die mehr wollen, als im Altpapier eines Restaurants nach Kreditkartenbelegen zu suchen. Die größten Kreditkartendiebstähle der 1990er-Jahre liefen ähnlich wie jene online ab: Die Diebe brachen beispielsweise in das Büro von Versandhändlern ein und klauten den Computer, auf dem Kundendaten gespeichert waren.

Zu guter Letzt noch der wichtigste Tipp von allen: Achten Sie darauf, dass Ihr Zeigefinger nicht zu locker sitzt. Und zwar der Zeigefinger, der auf Ihrer Maustaste ruht! Kaum sieht dieser nämlich ein Informationsfenster oder eine Box im Browser aufgehen, springt er vielleicht in Aktion und klickt selbiges in Sekundenschnelle weg. Sagen Sie sich: »Stopp!« Atmen Sie zuallererst tief durch und lesen Sie, so gut es Ihnen möglich ist, sinnerfassend, was in diesem Fenster eigentlich an Information oder Aufforderung steht. Dann erst klicken Sie »Ja«, »Nein« oder, wenn Sie sich unsicher sind, auf »Abbrechen«! Unzählige Trojaner, Viren, lästige Browsererweiterungen und andere gefährliche Überwachungstechnologie werden täglich auf Computern installiert, weil der Zeigefinger des Benutzers zu schnell ein Okay geklickt hat, obwohl der Geist keine Ahnung hatte, wozu er da gerade zustimmt. Im günstigsten Fall hat nach einem unüberlegten »Ja«-Klick Ihr Webbrowser einen neuen Funktionsbalken mit einem prominenten Suchfenster, das statt auf Google in einer Suchmaschine sucht, die von einem Werbenetzwerk betrieben wird. Im schlimmsten Fall sagen Sie durch unüberlegtes Klicken »Ja« zu einem Trojaner, der Ihre Daten verschlüsselt.

Wenn Sie eine Information nicht verstehen, machen Sie einfach zuerst einen Screenshot von der entsprechenden Box und brechen dann ab. Fragen Sie einen Computerkundigen, was es mit dieser Funktion oder Nachricht auf sich hat, bevor Sie unwissend zustimmen. Das spart Ihnen zukünftig sicherlich eine Menge an Ärger und Geld!

Der Mythos »Digital Native«

Wir Menschen, so scheint es, verändern uns gerade rasant: Während Oma und Opa »Mäuse« noch für Nagetiere hielten, flitzen Enkelin und Enkel mit Wischbewegungen scheinbar nah an der Lichtgeschwindigkeit über Smartphones und Tablet-Computer. Diese Tatsache beschäftigt die Wissenschaftler: Für sie stellt sich die große Frage, ob es tatsächlich wir Menschen und unsere Fähigkeiten sind, die sich heutzutage neuen Technologien besser anpassen können. Oder sind es nicht vielleicht nur die Computer, die es neuen Nutzern einfacher machen, sie zu bedienen? Was ist dran am Mythos des Digital Natives? Und was bedeutet dieser Begriff überhaupt? Als Digital Native, also ein »digitaler Ureinwohner«, wird eine Person bezeichnet, die in der gesellschaftlichen Generation einer digitalen Welt aufgewachsen ist. Weiters existiert der Begriff des Digital Immigrant, also des »digitalen Einwanderers«, für jemanden, der diese Welt erst im Erwachsenenalter kennengelernt hat. Wir beide als Autorinnen zählen dazu: Wir kennen noch die gute alte Wählscheibe am Telefon.

Die Sozialwissenschaft konnte jedenfalls bisher keinen Beweis für die Existenz eines Digital Natives finden. Antonio A. Casilli, Professor für Digital Humanities am französischen Forschungsinstitut ParisTech, bezeichnet den Digital Native als Mythos. Die Zugehörigkeit zu einer Altersgruppe sage nichts über die Fähigkeiten aus, mit neuen Technologien umzugehen. Sogar in der jungen Gruppe der sogenannten Millennials sind die Fähigkeiten äußerst heterogen verteilt. Diese Gruppe von jungen Menschen, die im Zeitraum zwischen 1980 und 1999 geboren wurden, wird auch Generation Y genannt. Sie erlebten mehrheitlich nach dem Jahr 2000 ihre Teenagerzeit.

Was sich hingegen klar als Spaltung zeigen würde, ist eine, die sich leider in allen menschlichen Gesellschaften bildet, nämlich die in Habende und Nicht-Habende. »Digitale Gewinner« und »digitale Verlierer« teilen sich nicht nach ihrem Alter, sondern nach ihrem Zugang und ihrem Wissen. So stellt sich dies auch im digitalen Zeitalter dar: Es ist wesentlich leichter, die Entwicklungen auf dem Smartphone- und Tabletmarkt mitzuverfolgen und selbst zu nutzen, wenn wir uns die neuesten und teils teuren Geräte leisten können und uns zusätzlich für die Nutzung solcher Geräte interessieren, also uns nicht fürchten, und uns die Bedienung aneignen. Unbestritten ist, dass jene rascher die Bedienung eines neuen Geräts erlernen, die offen und unvoreingenommen darauf zugehen. Aber wer weiß, ob diese Bedienung nicht in jedem Alter erlernbar ist? Für uns stellt sich ein klares »Ja« dar, denn wir Menschen können immer wieder Neues erlernen – wir sind sogar darauf spezialisiert, lebenslang zu lernen!

Woher kommt aber diese Sehnsucht der Medien nach dem perfekten, weil jugendlichen Smartphone-Benutzer? Dynamisch, offen und schnell im Erfassen und Erlernen von

Neuem. Wenn es uns selbst schwerfällt, uns auf etwas Neues einzulassen, werden wir natürlich alle in unserem Umfeld, die es sichtbar leichter haben, beneiden. Im Normalfall werden dies uns nahestehende Familienmitglieder sein, die uns etwas Neues zeigen. Einen weiteren Anteil bezüglich der Verbreitung des Mythos des Digital Natives haben die Medien selbst. Weil es schlichtweg einfacher ist: jung versus alt, schnell versus langsam, fortschrittlich versus konservativ, das sind Zuschreibungen und Vorurteile, die sich leicht und spannend gegenüberstellen lassen. »Ageism« nennt sich das Phänomen, in dem Medien und Werbung einem Jugendkult frönen, der alles Alte und Althergebrachte ablehnt und alte Menschen gegenüber jungen benachteiligt. Jung sein (zu wollen) ist ein gut eingeführter Verkaufsschlager in unserer Welt. Zumeist dient diese Sichtweise auf die Welt dazu, uns etwas Neues zu verkaufen, auch wenn das, was wir bereits besitzen, gut ausreichen würde, um uns zufrieden zu stimmen. Sind wir wirklich nur glücklich, wenn wir jung sind und uns mit den neuesten Trends umgeben? Der Werbung würde diese Sichtweise gefallen, wir selbst müssen hier lernen »Nein« zu sagen: Junge Menschen sind nicht automatisch glücklicher oder technisch begabter.

Wer das nicht glauben mag, kann auf YouTube nach den Serien »Kids react ...« oder »Teens react ...« suchen. Auf unterhaltsame Weise führen uns diese Videos vor Augen, dass im Internetzeitalter nicht die Jugendlichen besser im Bedienen von Computern geworden sind, sondern dass die Computer einfach besser im Bedient-Werden geworden sind. Teens von heute stehen einem alten Apple IIe genauso planlos gegenüber wie wir damals: Sie schalten den Bildschirm ein und wundern sich, dass der Computer nicht startet. Sie tippen »Google« in die Kommandozeile und erschrecken sich, wenn der Computer mit »Not found. Error.« antwortet. Die Youngsters werden auch ungeduldig, wenn das CD-Laufwerk minutenlang braucht, um ein Spiel zu starten. Ihre

Reaktionen zeigen uns eines: Die wahre Computerrevolution des Internetzeitalters war die der visuellen mit Fenstern strukturierten Benutzeroberflächen, der sogenannten Interfaces – »drauftippen und loslegen« lautet heute die Devise. Das war in den 1980ern noch nicht möglich.

Alternativ zu den Begriffen »Digital Native« und »Digital Immigrant« (die Menschen und ihre Technikaffinität rein nach dem Alter definieren) verwendet der Organisationspsychologe Peter Kruse das Begriffspaar »Digital Residents« und »Digital Visitors«. Er beschreibt damit einerseits Menschen, die quasi in einer Technologie zu Hause sind und sich wohl und »daheim« fühlen in ihrer Nutzung, also das Internet bewohnen, im Social Web Kontakte knüpfen, gestaltend und hautnah eingreifen. Im Gegensatz dazu schauen die Digital Visitors nur ab und an vorbei, kennen sich weniger mit den neuesten Technologien aus, sondern holen sich lieber punktuell Informationen ab, die ihnen fehlen. Dabei handeln diese User zwar weniger kommunikativ und vernetzt als ihre Gegenstücke, die Residents, können aber trotzdem mit Computern umgehen, nur nehmen sie diese nicht als integralen Bestandteil ihres alltäglichen Handelns wahr.

Es ist zu beachten: Kruses Begriffe sind nicht altersspezifisch! Ein 70-Jähriger kann genauso ein Digital Resident sein, wie ein Siebenjähriger nur ab und zu als Digital Visitor im Web vorbeischaut. Sehen wir uns ergänzend beispielsweise die rasante Entwicklung von Facebook als Kommunikationstool quer durch alle Altersgruppen an, so wird klar, dass man nicht vor dem Start von Facebook geboren sein muss, um es erfolgreich anzuwenden. Apropos alle Altersgruppen: Die nächste Generation an jugendlichen Social-Media-Nutzerinnen wird im Moment gerade auf WhatsApp und Snapchat groß. Diese neueren sozialen Netzwerken sind intimer und kleinräumiger als zum Beispiel Facebook und Twitter. Gleichzeitig wenden sich in vielen Ländern Datenschützer und Gerichte gegen die Online-Kommunikations-Platzhirsche und versuchen, deren Monopolisierung der Kommunikation einzuschränken. Die Zukunft wird zeigen, ob Facebook auch in ein paar Jahren noch das dominierende Online-Kommunikationstool der Erwachsenen sein wird oder ob andere Netze und Applikationen das im Moment gefühlsmäßig sehr global organisierte Kommunizieren intimer und kleinräumiger machen wird. Gleichermaßen kennen die meisten Menschen, und unter ihnen auch viele junge Menschen, nur einen Bruchteil der Anwendungsmöglichkeiten, die Apps und Netze bieten. Alt und Jung sind oftmals gleichermaßen verwirrt von Sicherheitseinstellungen, dem Unterschied zwischen Begriffen wie Facebook-Profil oder Facebook-Seite – und warum einmal alle Freunde zu einem Event eingeladen werden können und ein andermal nicht.

Doch manchmal bringt eine digitale Anwendung sogar Alt und Jung wieder näher zueinander: Der Nachrichtendienst WhatsApp wurde zwar oftmals verteufelt, weil er als zusätzlicher Kommunikationskanal im Sinne eines weiteren Stressfaktors gesehen wird. Doch hat gerade diese App für einen besonderen Familienzusammenhalt gesorgt. Die gesellschaftlichen Entwicklungen sind erstaunlich und waren auch für die Mobilfunkindustrie nicht vorhersehbar: Großeltern kaufen sich Smartphones, weil sie mit ihren Enkeln über WhatsApp in Verbindung sein wollen. Fotos und kurze Statements werden munter hin- und hergesendet. Egal, auf welchem Kontinent der junge Spross sein Auslandsemester absolviert, Oma und Opa sind digital mit dabei. Der große altersmäßige Unterschied zwischen der Gruppe der um die 35-Jährigen und derer um die 70 wird weitaus kleiner, wenn es sich um das Schreiben und Fotografieren und Weiterleiten via Smartphone dreht. Da wird hoch motiviert Neues erlernt, sogar das Bedienen von zuvor vermeintlich hochkomplexen Dingen wie eines Smartphones, um eines zu erlangen: mehr Nähe zu den eigenen Nachkommen. Es zeigt sich wieder mal: Wo ein Wille ist, ist ein Weg. Auch mitten hinein in digitale Welten.

Vor allem Großeltern, die mit ihren Enkeln nicht in derselben Stadt wohnen, freuen sich, wenn sie diese via Chat öfters zu Gesicht bekommen. Früher wurde von den Eltern, wenn ein Kind geboren wurde, ein anderes technisches Gerät gekauft, nämlich ein Auto, ein Kombi. Bei den Großeltern zeigt sich heute der Trend hin zum Kauf eines Smartphones. Das Versenden von Fotos innerhalb von Familien ist äußerst beliebt. Ein Bild, das via WhatsApp und innerhalb eines Familienverteilers rundum geht, zeigt Nähe und Wärme, meinen viele Youngsters und Oldies: Da wird der Kuchen, der gerade für die Familienjause gebacken wurde, gesendet. Oder das frisch gewaschene Auto stolz gezeigt. Vielleicht gar der Sonnenuntergang mit der ersten Liebe am Strand von Grado. Diese Form der Kommunikation, wenn wir meilenweit voneinander entfernt sind, erinnert viele an einen gemütlichen Kurzbesuch bei den Eltern. Eines ist sicher: Um mit ihren Liebsten in Verbindung zu bleiben, schauen immer mehr auf ihr Handydisplay und ihre WhatsApp-Eltern-Kind-Gruppe.

Digitale Seriosität: statt Online-Lügen reale Wahrheiten finden

Möglichst rasch an möglichst glaubhafte Informationen zu gelangen, war schon zur Zeit der fahrenden Geschichtenerzähler und der Stadtausrufer ein wichtiger Motivator zum Zuhören. Überprüfbar war dieser Anspruch früher jedenfalls wesentlich schwieriger, aber auch heute machen viele sich nicht die Mühe, Informationen, die sie aus dem Internet beziehen, auf ihre Glaubwürdigkeit zu überprüfen.

Das beginnt beim einfachen Suchen im Web: Ergebnisse auf Google sind zwar besser als die Ergebnisse früherer Suchmaschinen, aber nicht perfekt und hundertprozentig im Wahrheitsgehalt. Zudem versucht tagtäglich eine Heerschar an Dienstleistern, Webseiten in der Gunst des Google-Such-Algorithmus nach vorne bzw. in der Anzeige nach oben zu befördern. Wie im richtigen Leben gewinnen dabei nicht immer die besten Informationen an Aufmerksamkeit. Gleichzeitig haben Einträge auf der zweiten Ergebnisseite von Google kaum eine Chance, wahrgenommen zu werden: Nur ein verschwindend kleiner Prozentsatz von neun Prozent aller Suchenden klickt auf eine weitere Seite. Wenn wir nach Neuigkeiten suchen, so bietet uns Google eine qualitätskontrollierte Alternative zur normalen Suche: die Google-News!

Was ist denn nun bei Google-News anders? Etwas Grundlegendes: Anbieter von Nachrichten müssen sich in diese Suche extra eintragen lassen. Die Qualitätskriterien sind: Es muss sich um ein journalistisches Medium handeln, und eigene Inhalte und werbliche Inhalte müssen klar getrennt und unterschiedlich gekennzeichnet sein. Das Service muss Autorenbiografien und Kontaktmöglichkeiten zur Verfügung stellen, manipulative und täuschende Services werden ausgeschlossen.

Aber warum gibt es überhaupt manipulative Nachrichtendienste im Internet? Die Antwort lautet: Geld! Die meisten dieser Services verdienen ihr Geld mit Inseraten, und dafür brauchen sie Klicks und Seitenbesuche. Die erhalten die Services natürlich besser, wenn sie entweder einen mittelinteressanten Artikel mit einer sensationsheischenden Schlagzeile versehen oder aber, indem sie einfach etwas erfinden, was den Nerv einer Zielgruppe treffen könnte. Zu viele Menschen würden den folgenden Schlagzeilen mit einem Kopfnicken schnell zustimmen: »Die Menschheit wird immer brutaler«, »Das Essen wird immer ungesünder« und »Die Luft wird immer giftiger«. Aber, Vorsicht: Nur weil wir das subjektive Gefühl haben, dass das alles stimmen könnte, bedeutet es noch lange nicht, dass wir beim Klick auf eine solche allgemeine Schlagzeile auch Inhalte finden, deren Wahrheitsgehalt stimmt.

Wie können wir uns vor falschen Informationen im Internet mit versiertem eigenen Wissen besser schützen? Zum einen gibt es Websites wie Mimikama. Diese Webseite hat sich der Aufklärung von Falschinformationen im Internet verschrieben. Die »Internationale Koordinationsstelle zur Bekämpfung von Internetmissbrauch« entlarvt Facebook-Betrug, gelogene Hassmeldungen und alarmistische Sensationsschlagzeilen genauso wie falsche Spendenaufrufe und gefakte Todesnachrichten von Prominenten. So ist es zum Beispiel auf Facebook sehr beliebt, den Nutzungsbedingungen der Plattform in einem Posting zu widersprechen. Hochoffiziell klingend beginnt ein solches Posting mit »Aufgrund der neuen AGBs in Facebook widerspreche ich hiermit der kommerziellen Nutzung meiner persönlichen Daten (Texte, Fotos, persönliche Bilder, persönliche Daten) gemäß BDSG …«. Nutzer werden aufgefordert, diesen Widerspruch zu kopieren und selbst zu veröffentlichen. Jedes Monat fallen unzählige Menschen auf diesen (harmlosen, aber nervraubenden) Kettenbrief herein. Die einzige Möglichkeit, den Nutzungsbedingungen von Facebook zu widersprechen, ist, sein Konto zu löschen, da man bei der Eröffnung eines Kontos automatisch den Nutzungsbedingungen eines Online-Dienstes zustimmen muss.

Sehr beliebt sind auch angebliche Zitate von Prominenten. Ein Bild von Meryl Streep macht zum Beispiel immer wieder die Runde: Neben ihrem Foto steht ein ihr zugeschriebenes Zitat, in dem sie behauptet, heutzutage keine Geduld mehr für zynisches Verhalten oder exzessive Kritik an ihrer Person zu haben. Das Zitat wirkt sympathisch und glaubwürdig, exakt so, wie man sich eine selbstsichere und berühmte Künstlerin vorstellt. Und es spricht auch alle Menschen an, die selbst keinen Bock mehr auf Kritik und Verletzungen haben. Deshalb wird dieses Posting sehr oft geteilt. Allein, mit Meryl Streep hat das alles gar nichts zu tun. Das Zitat stammt von einem portugiesischen Life Coach namens José Micard Teixeira, aber mit einer lächelnden Schauspielerin als angeblicher Urheberin wird es einfach öfter geteilt.

Meryl Streep hat übrigens einiges gemein mit Cher, Justin Bieber, Britney Spears, Morgan Freeman und Hunderten weiteren Prominenten. Sie alle wurden im Internet schon einmal für tot erklärt, und sie alle erfreuten sich noch lange bester Gesundheit.

Falls Sie eine verdächtige Meldung sehen, so können Sie probieren, einen Teil des Textes in einer Suchmaschine gemeinsam mit dem Wort »hoax«, »Betrug« oder »falsch« zu suchen. Dies bringt oft Informationen zutage, die so manche reißerische Schlagzeile als Falschmeldung entlarvt. Auch Medien-Watchblogs wie Bild-Blog oder Kobuk nehmen diese Aufgabe in der Beobachtung der Glaubwürdigkeit von Boulevardmedien und Social Media Posts wahr. Wichtig für Ihre eigene Digital Happiness ist: Versuchen Sie, die Glaubwürdigkeit einer Botschaft aus einer gewissen Distanz zu betrachten. Erfüllt sie einen Zweck (zum Beispiel den der Verbreitung), der potenziell unseriös sein könnte? Ist die Quelle seriös? Welche Quelle ist angegeben? Oder wird eine Behauptung einfach so aufgestellt?

Mems und Shitstorms: stürmische Zeiten im Netz

Im Jahr 2012 produzierte der koreanische Popsänger Park Jae-sang ein Musikvideo, in dem er unter anderem vor dem Hintergrund eines Reitstalls ein paar Tanzbewegungen aufnahm, die als »Horse Riding Dance« im Internet berühmt werden sollten. Die Rede ist von Psy und von seinem Song »Gangnam Style«. Das ursprünglich auf Koreanisch aufgenommene Lied war nicht für den internationalen Markt bestimmt. Aber das Internet und seine User befanden anders. Das Video wurde binnen Tagen nach dem Erscheinen auf YouTube viral, sprich, es wurde über soziale Netzwerke, E-Mails und andere Wege so oft geteilt und weiterverbreitet, dass es binnen zwei Wochen von großen US-amerikanischen TV-Stationen als eine »virale YouTube-Sensation« präsentiert wurde. Nach weiteren zwei Monaten war es mit über zwei Millionen Aufrufen das damals meistgesehene Video auf YouTube.

War diese Entwicklung vorhersehbar? Hatte Psy eine einfache Formel verwendet, um sich selbst in das Scheinwerferlicht des internationalen Ruhms zu katapultieren?

Natürlich nicht! Psy war ein Nutznießer des viralen Effekts, der sogenannte Internet-Meme rasant über das Netz verbreiten kann.

Der Evolutionsbiologe Richard Dawkins erfand in seinem 1976 erschienenen Buch »Das egoistische Gen« den Begriff des »Mem« (oder englisch »Meme«). Er entwarf damit das Konzept einer hypothetischen kulturellen kleinen Einheit, einer Idee, eines Textes oder Bildes oder eben auch eines Videos, das sich – parallel zum genetischen Material in Lebewesen – autonom fortpflanzen, verbreiten und vermehren könne. Sein damaliges Beispiel war das verkehrte Aufsetzen einer Baseballkappe. Irgendjemand, argumentierte Dawkins, muss damit angefangen haben, und dann verbreitete sich das Mem des Verkehrt-herum-Tragens der Baseballkappe über die Welt.

Das World Wide Web und vor allem soziale Netzwerke sind wahre Brutstätten für digitale Meme. Nutzer nehmen ein Stück Inhalt auf und tragen ihn weiter. Die Transportmittel nennen wir »teilen«, »sharen«, »retweeten« und »liken«. Dieser Effekt tritt meistens rasch auf und flaut auch mehr oder weniger rasch wieder ab. Meme sind eben vergänglich, so wie unsere Gene auch.

Wir bleiben noch im Jahr 2012 und wechseln nach Europa. Wenn ein solcher memetischer Effekt mit negativen Vorzeichen auftritt, findet man die Bezeichnung Shitstorm dafür. Ein Shitstorm ist das in einem kurzen Zeitraum massenhafte Auftreten von negativen Kommentaren auf einer oder mehreren Social-Media-Plattformen oder -Kanälen. Viele Shitstorms werden durch reale Missstände ausgelöst, manche auch durch erfundene. Anlässlich der Fußballeuropameisterschaft 2012 wollten Tierschützer auf gezielte Massentötungen von Hunden in der Ukraine aufmerksam machen. Über eine eigens gegründete Facebook-Gruppe namens »Stop Killing Dogs, EURO 2012 in Ukraine« machten die Tierschützerinnen auf ihr Anliegen aufmerksam. Sie verbreiteten Texte und Bilder angeblicher ukrainischer Hundeopfer anlässlich des Fußballevents.

Die drastischen Bilder von säugenden Hundebabys an einer in einer Blutlache liegenden toten Mutter oder von Dutzenden toten Hunden auf Müllhalden und brennenden Kadavern in Mülleimern führten zu einem viralen Effekt. Hunderttausende Facebook-Nutzerinnen teilten die Bilder und Texte auf ihren eigenen Profilen oder posteten sie massenhaft auf den offiziellen Seiten der EM und ihrer Sponsoren. Als die Papiermedien auf das Drama aufmerksam wurden und die Fotos ebenfalls abdrucken wollten, machte sich der österreichische Medien-Watchblog Kobuk auf die Suche nach der Wahrheit: Die verwendeten Gräuelfotos hatten durchwegs nichts mit der EURO 2012 oder mit der Ukraine zu tun, sie stammten aus Mexiko, Bosnien oder Rumänien und waren zum Teil mehr als zehn Jahre alt. Eine dubiose Tierschutzorganisation hatte mit den Bildern zu Spenden aufgerufen.

Der negative virale Effekt, den die Bilder ausgelöst hatten, war sicherlich keine Absicht gewesen, aber heutzutage kalkulieren immer mehr Organisationen mit der Verbreitung von Unwahrheiten oder Bildern, die als emotionale Trigger einen solchen Effekt auslösen können. Auch hier gilt, wie bereits in den Vorkapiteln erwähnt: Teilen Sie nicht ungeprüft etwas, nur weil es Ihnen wahr vorkommt. Bedenken Sie die möglichen Absichten des Absenders immer mit und lassen Sie sich nicht manipulieren.

Social Media: poste wild und ungeregelt?

Wenn etwas als Symbol für alle Probleme und Wehwehchen für das digitale Leben an den Pranger gestellt wird, dann ist dies zumeist Social Media. Die wilden, scheinbar ungeregelten Weiten des Social Web jagen so manchem Angst ein, dabei stellt sich wie bei allem im Leben die Frage: Wie hoch ist der eigene Anteil an persönlicher Einflussnahme wirklich? Und wird dieser von jedem von uns genutzt?

Das Social Web besteht aus vielen verschiedenen Diensten, die diverse Charakteristika gemeinsam haben. Sie laufen auf Servern im Internet. Wir können uns auf diesen Servern einen persönlichen Zugang, also einen Account, erstellen und selbst Inhalte uploaden sowie die Inhalte anderer Nutzer sehen oder auch hören. Social-Media-Dienste sind deshalb jedoch kein rechtsfreier Raum. Sie operieren im weltweiten Internet, aber ihre Firmenzentralen, überproportional oft in den USA beheimatet, halten sich im Zweifelsfall auch nur an die Gesetze dieses einen Landes.

Manche scheinbar unverständlichen Online-Phänomene lassen sich durch diese zentrale Steuerung erklären. Nehmen wir zum Beispiel Facebook: Jahrelang war es im deutschsprachigen Raum gebräuchlich und scheinbar ganz normal,

Facebook-Profile »Riese Rübezahl« oder »Verein der Mückenzüchter« zu nennen. Vor allem Menschen, die dem Medium ängstlich gegenüberstanden und sich Facebook nicht »ausliefern« wollten, nutzen diese Möglichkeit der Anonymisierung. Erst in den letzten Jahren hat Facebook begonnen, seine Klarnamenpflicht – Facebook-Profile müssen so heißen wie die Menschen, denen sie gehören – durchzusetzen. Die entsprechenden Nutzungsbedingungen gab es von Anbeginn an. Aber, wer liest schon seitenlange Nutzungsbedingungen? Schließlich ging es jahrelang gut, und jetzt bekommt man plötzlich eine Abmahnung? Warum? Hängt da die NSA mit drin? Solche und ähnliche Fragen stellten und stellen sich viele User.

Die Wahrheit ist viel profaner: Im englischsprachigen Raum sorgte ein Algorithmus dafür, dass unglaubwürdig klingende Namen ausgefiltert und die betreffenden Nutzer gebeten wurden, sich zu verifizieren. Einen deutschsprachigen Fantasienamen von einem plausiblen Namen zu unterscheiden, erfordert allerdings nicht nur einen anderen Algorithmus, es erfordert auch deutschsprachige Mitarbeiter, die im Zweifelsfall einen Namen besser überprüfen können als ein Programm allein. Facebook hatte jedoch die ersten Jahre keine Filiale in Deutschland. Als die Werbeeinnahmen aus dem deutschsprachigen Raum anstiegen, wurde aber nach und nach eine Filiale aufgebaut und damit Ressourcen geschaffen, dass auch deutschsprachige Namenssünder gefunden werden können.

»Doch, was geht es Facebook an«, könnten Sie nun sagen, »ob ich mich auf Facebook Peter Müller oder Prinzessin Augenstern nenne?« Eigentlich: sehr viel! Was ist diese Plattform überhaupt, die weltweit über eineinhalb Milliarden User vernetzt? Facebook ist ein Online-Dienst, der uns, wie der Name bereits sagt, eine Dienstleistung zur Verfügung stellt, für die wir zwar nicht unmittelbar bezahlen, aber diese Dienstleistung ist trotzdem an die Bedingungen der Nutzungsvereinbarung gebunden. Dieser stimmen wir in dem Moment zu, in dem wir uns ein Profil anlegen.

Andere Social-Media-Dienste haben andere Nutzungsbedingungen. Twitter zum Beispiel hat keine Klarnamenpflicht. Wer also anonym posten möchte, kann dies zwar nicht beim Freundesnetzwerk Facebook tun, bei Twitter hingegen schon.

Apropos »posten«: Auch dieses recht einfache Konzept führt oft zu Missverständnissen. Social-Media-Dienste stellen keine extern gesammelten Daten über ihre Benutzer dar, sie bieten *nur* eine Plattform und Usern die Möglichkeit, Informationen selbst einzugeben. Immer wieder wird Facebook des »Datensammelns« bezichtigt, und das stimmt natürlich auch: Facebook sammelt Daten, aber nur die Daten, die seine Nutzer freiwillig eingeben! Wenn Sie also Facebook keine Daten geben wollen, dürfen Sie einfach nicht auf dieser Plattform posten und keine Profilfelder ausfüllen.

Leicht gesagt, für manche von uns schwierig umzusetzen: Der Name ist nämlich Programm, Social Media. Wie bei vielem im Leben geht es darum, Beziehungen lebendig zu gestalten. Also, warum wird überhaupt und so viel gepostet? Facebook ist ein soziales Netzwerk, ein Subtyp von Social Media, bei dem es zentral nicht nur um die Daten der Benutzer geht (also um Bilder, Videos, Texte, Links oder Töne, die diese hinaufladen oder teilen), sondern vor allem um die Beziehungen der User untereinander.

Zum Zeitpunkt seines Entstehens war Facebook eigentlich nicht mehr als ein interaktiver Online-Lebenslauf für Studierende. Es gab damals noch keine Privatnachrichten und keine Statusmeldungen. Die Nutzer konnten sich lediglich gegenseitig – öffentlich – etwas an die »Wand« des jeweiligen Profils schreiben und diese Einträge kommentieren. Erst nach und nach wurden die Funktionen geschaffen, die wir heute mit Facebook verbinden: das Posten von Inhalten, der Newsstream, die Sammlung eigener Postings auf der

»Wall«, das Erstellen von Seiten, Gruppen und Events und eben die Privatnachrichten.

Aber Social Media ist natürlich viel mehr als Facebook. Das deutsche Beratungsunternehmen ethority veröffentlicht seit ein paar Jahren die deutschsprachige Ausgabe des Social Media Prismas von Brian Solis. Unter dem Titel »Conversations in Social Media« werden hier die Logos von Unternehmen, die in der deutschsprachigen Social-Media-Landschaft relevant sind, veröffentlicht. Es sind Hunderte Dienste, die aufgelistet werden. Es finden sich beispielsweise die Logos von Twitter und seinem gesamten »Ökosystem« an twitterspezifischen Apps, Social Influence Networks wie Klout, Blog-Plattformen wie Blogger, tumblr oder WordPress.com, Video-Networks wie YouTube oder TED, Wikipedia, flickr und Google-Foren, aber auch weniger bekannte Dienste wie 4chan, digg, SlideShare oder livingsocial.

Eines aber haben diese Dienste alle gemeinsam: Ihre Inhalte werden von den Nutzern generiert und nicht von Medienhäusern und Verlagen. Sie bestehen für und aus »user generated content«.

Wozu das alles? Warum machen zwei Milliarden Menschen oder mehr beim Erstellen von Inhalten mit? Welchen Mehrwert und Nutzen haben sie durch Social Media? Auch wenn wir diese Fragen nicht allgemeingültig und ein für alle Mal beantworten können, so kann das Social-Media-Prisma einen Teil der Antwort liefern: Ganz klar dominieren unter allen Diensten jene, die mehr mit unserer Freizeit als mit unserer Arbeit zu tun haben. Auch wenn Social Influence und seit der neuesten Version des Prismas auch Social-Media-Arbeitstools in die Ansicht aufgenommen wurden, Social Media bleibt – vorerst – etwas, das viele Menschen als Teil ihrer Freizeitgestaltung sehen. Ob YouTube-Videos hinaufladen oder welche ansehen: Alle Heerscharen an Social-Media-Marketingexperten können nicht so viel Inhalte erzeugen wie die YouTube-Nutzer selbst. Ja, es gibt inzwischen professionelle Video-Blogger und Firmen-Content in sozialen Netzwerken, aber Privatnutzer sind nach wie vor ein wichtiger Faktor in der Entwicklung.

Als Privatnutzer sollte ich mich auch fragen: Profitiere ich davon? Wenn nicht aktiv, indem ich etwas poste, dann zumindest passiv, indem ich konsumiere? Viele Menschen glauben, sie müssten selbst aktiv sein, um Social Media zu nutzen. Die Statistik widerspricht ihnen. Der IT-Berater Jacob Nielsen definierte 2006 die sogenannte Ein-Prozent-Regel für das Social Web, die weitestgehend weiterhin Gültigkeit hat. Seine damalige Untersuchung beschäftigte sich mit Foren, und er kam zu der Erkenntnis, dass von 100 in einem Online-Forum angemeldeten Menschen nur eine einzige Person tatsächlich etwas Neues postete. Neun von 100 waren aktiv, indem sie auf gepostete Inhalte antworteten, aber 90 Prozent der Nutzer beteiligten sich kaum. Sie schauten in das Forum hinein und lasen Beiträge, aber posteten selbst nicht.

Neuere Untersuchungen kommen zu dem Schluss, dass sich der Anteil der aktiven Nutzer in sozialen Netzwerken gegenüber den Foren inzwischen deutlich gesteigert hat. Je nach Studiendesign sind 20 bis 50 Prozent der User sehr aktiv und über 70 Prozent in irgendeiner Art und Weise aktiv. Vermutlich, indem sie ab und zu den »Like«-Knopf drücken. Aber dies sind bei Weitem nicht alle. Es gibt auch auf Facebook, Twitter und Instagram eine große Anzahl an Nutzern, die als Konsumenten das Dargebotene konsumieren, vielleicht mal kommentieren, aber nicht aktiv Inhalte beisteuern.

Zum persönlichen Glück in und mit Social Media ist es wichtig, dass Sie sich über ein paar Fragen klar werden: Wie aktiv wollen Sie sein? Welche Kanäle möchten Sie in welcher Form nutzen? Möchten Sie dies entweder privat oder beruflich tun oder beides miteinander vermischen? Werden Sie sich auch darüber klar, dass Sie nicht notwendigerweise in einer Minderheit sind, wenn Sie Social Media nur passiv nutzen, also zuhören, zusehen, lesen und Sie sich nur Ihren Teil denken, statt täglich zu posten, zu liken und zu kommentieren.

Wenn Sie sich in der passiven Nutzung sicher fühlen, können Sie besser einschätzen, ob eine aktive Nutzung Ihnen mehr Zufriedenheit bringt.

Web 2.0, 3.0 oder 4.0: Only bad news are good news

Die Digitalisierung unserer Kommunikation scheint unsere Lust an schlechten Nachrichten weiter zu schüren. Früher gruselte es unsere Vorfahren am Lagerfeuer bei den Erzählungen der fahrenden Geschichtenerzähler. Wir selbst erlebten dieses Gruseln vielleicht im Kino oder beim Freitagabend-Horrorfilm. Heutzutage ist das Grauen im Internet immer nur einen Klick weit weg. Zwar ist das Social Web neutral, es verbreitet gute Nachrichten genauso wie schlechte. Allein, wir Menschen sind es nicht! Wir sind recht simpel gestrickt: Wir haben die schlechten Nachrichten einfach lieber als die guten. Warum? Sie emotionalisieren weitaus mehr, lassen uns schaudern und fürchten – und sie haben etwas, das im Journalismus als »Newswert« bezeichnet wird. Sie sind aktuell und soeben erst passiert. Nacktfotos, die von Kollegen am Firmencomputer entdeckt worden und ungefragt weitergeleitet zum Mobbing führen. Oder Bilder von knapp bedeckten Kindern, die Eltern stolz posten, ohne zu bedenken, dass sich Pädophile ebenso im Netz tummeln. Bis hin zu Bastelanleitungen von Bomben. Digitale Inhalte erfüllen die unterschiedlichsten Aspekte, um Schrecken zu verbreiten.

Gute Nachrichten konsumieren und teilen wir deutlich

zeitloser: Katzenbilder und süße Tiervideos haben meistens keinen Newswert. Sie können von heute sein oder von vor zwei Jahren. Die Terror- und Katastrophennachrichten, denen sich viele von uns täglich aussetzen, sind zumeist aktuell.

Aber, ist die Welt heute wirklich weitaus gefährlicher? Passieren mehr Terroranschläge? Sind wir tatsächlich in Gefahr? Statistiken und Experten sprechen dagegen: Durch Verkehrsunfälle oder Luftverschmutzung sterben, statistisch gesehen, in Europa viel mehr Menschen im Jahr als seit den 1970ern einem Terroranschlag zum Opfer gefallen sind. Aber so, wie wir vielleicht rational wissen, dass die Autofahrt zum Flughafen statistisch weitaus öfter mit dem Tod eines Menschen endet als der darauffolgende Flug: Auch eine vorhandene Flugangst lässt sich nicht leicht wegargumentieren.

Im Europa der 1970er-Jahre gab es mehr Terroranschläge als heute. Aber damals waren die Informationen über diese Anschläge nicht so unmittelbar verfügbar. Statt Live-Handyvideos von Passanten im Minutentakt über Twitter gab es vielleicht eine träge Pressekonferenz der Polizei in den Abendnachrichten. Änderte sich die Lage, so musste man bis zur Morgenzeitung, dem Radio-Morgenjournal und für weitere Bilder sogar bis zu den Abendnachrichten warten, um etwas Neues zu erfahren. Erzählen konnte man seine eigenen Eindrücke damals weitestgehend nur den Nachbarn oder dem Postboten, vielleicht auch in einem Leserbrief an eine Zeitung, der gar nicht oder erst Tage später veröffentlicht wurde. Aber sicherlich nicht so wie heute einem solch großen Publikum wie etwa auf Facebook. Das reichte damals zwar auch aus, um Angst in der Bevölkerung zu schüren, aber nicht für sich massenhaft verbreitende Panik.

Ja, es ist ein Fakt: Heute ist es viel leichter aufgrund der Vielzahl an schlechten Nachrichten in Panik zu geraten. Hitzige Diskussionen und Schuldzuweisungen auf Twitter und

Facebook. Minütliche Updates auf Zeitungs-Live-Blogs. Immer neue Videos auf YouTube. Ob ein spannendes Fußballspiel oder eine Anspannung aufgrund eines Terrorangriffs: Wer seine Emotionen bei einem Liveevent auf Hochtouren bringen will, hat heutzutage jegliche Möglichkeiten dazu.

Aber, ist dies auch gesund? Natürlich nicht! Rundum bombardiert von den vielen medial vermittelten Eindrücken von Gefahr, Panik und Entsetzen gerät unser menschliches Reptiliengehirn in den Bann einer Inszenierung, die es mit der Realität verwechselt. Wer keine Verwandten oder Bekannten in Krisenregionen hat, ist real von Terroranschlägen in diesen Weltgegenden gleich wenig betroffen. Aber die Terrorangriffe in Europa schüren natürlich durch ihre relative Nähe das Emotionalisierungspotenzial und lassen viele ob der Angst um das eigene Leben beim Konsumieren der Nachrichten in Schweiß ausbrechen.

Welche Folgen hat dies in Bezug auf das Thema Digitalisierung und unseren Umgang damit? Aufgrund von Schreckensmeldungen nehmen Politiker die Chance wahr und – ob aus der Absicht, unsere Hysterie zu verringern, oder aus weniger redlichen Motiven – erklären uns, dass man die unmittelbare Gefahr für unser Leben durch Terrorismus nur durch die Aushöhlung unserer Bürgerrechte bannen kann. Was bedeutet das? Den Vormarsch zum viel gefürchteten gläsernen Menschen, also das Recht von Behörden für eine Vorratsdatenspeicherung und Dauerüberwachung im öffentlichen Raum. Kritiker meinen, diese helfe vielleicht, ein Prozent aller möglichen Anschläge zu verhindern, bedrohe aber die Freiheit von 100 Prozent aller Bürger.

Immer wieder bekommen wir zu hören, dass wir nichts befürchten müssten, wenn wir nichts zu verbergen haben. Aber so einfach ist es leider nicht. Die Bürgerrechte, die hier bedroht werden, sind über Jahrhunderte gegen feudale und autoritäre Staatsformen erkämpft worden. Das Recht auf Privatsphäre und Privatheit gab es früher nicht. Damals waren es die Kirche oder der Lehnsherr, die ihr Wissen über uns nutzen konnten, um uns zu zwingen, in ihrem Willen zu agieren. Heute sammeln Obrigkeiten Daten und beteuern, nur unsere Sicherheit im Sinn zu haben. Aber die gleichen technischen Werkzeuge, die unsere Daten sammeln, um uns zu »schützen«, können auch gegen uns eingesetzt werden. Nämlich dann, wenn Menschen beschließen, unsere Daten zu manipulieren, um uns Angst einzujagen.

Die Panik, die entsteht, wenn wir uns mit dem medialen Zirkus um Katastrophen und Terroranschläge zu sehr identifizieren, ist eine PR-Waffe, die von den unterschiedlichsten Gruppen der Gesellschaft genutzt wird. Verhindern können wir dies nicht, aber wir können uns dem Sog der Panikmache entziehen, indem wir bewusst einen Schritt zurücktreten und uns fragen: Wem dient es, wenn wir uns fürchten? Ändert es etwas an meinem persönlichen Risiko, von solch einem Ereignis betroffen zu werden? Wir dürfen bedenken, dass Angst seit jeher politisch auch gesteuert, manipuliert und benutzt wurde. Angst ist als grundlegende Funktion für uns Menschen eine wichtige Emotion, um für potenzielle Gefahren gewappnet zu sein. Aber eines ist ebenfalls sicher: Panik führt zu Überreaktionen und zu verminderter Denkleistung. Die Medienkompetenz, die wir uns somit aneignen sollten, lautet: »Ja, ich darf Angst haben. Aber ich bin mir bewusst, dass ich, wenn ich mich in Panik versetzen lasse, unter Umständen einen hohen Preis dafür zahle. Nämlich nicht mehr klar und frei über meine grundlegenden Rechte wie Freiheit und Datenschutz zu entscheiden.«

Der Klimaaktivist Joël Domenjoud hat beispielsweise am eigenen Leib erfahren, was passieren kann, wenn der Staat Panik ausnützt, um Bürgern ihre Rechte zu nehmen. Nach den Terroranschlägen von Paris Ende 2015 wurde er vom französischen Innenministerium praktisch unter Hausarrest gestellt. Ermöglicht durch die wegen des Terrors erlassenen Notstandsgesetze, hatte die französische Regierung kurzerhand alle Demonstrationen während des zweiwöchigen Klimagipfels in Paris verbieten lassen. Sein vermeintliches Verbrechen: Um zu zeigen, dass man sich weder vor Terroristen noch vor dem Staat fürchten darf, wollte er gemeinsam mit Freunden anlässlich des Weltklimagipfels in Paris an einem öffentlichen Protestbankett teilnehmen. Gemeinsamens Essen und Trinken in den Straßen, was typisch ist für Paris, sollte zeigen: Wir fürchten die Terroristen nicht und die Mächtigen dieser Welt genauso wenig. Um diese öffentliche Veranstaltung zu verhindern, wurden der unbescholtene Domenjoud und 20 andere Aktivisten ohne richterlichen Beschluss vom französischen Innenministerium unter Hausarrest gestellt. Verboten wurde ihm unter anderem, seinen Stadtbezirk zu verlassen, er musste sich dreimal täglich in der nächsten Polizeiwache melden und durfte zwischen acht Uhr abends und sechs Uhr morgens seine Wohnung nicht verlassen.

Domenjoud und seine Freunde wollten auf eine typisch französische Art ausdrücken, was uns selbst auch zu ein wenig mehr Leichtigkeit und Lebensfreude verhelfen könnte: Lassen wir uns alle bitte von Gefahren und Drohungen nicht allzu sehr verunsichern. Nehmen wir die Herausforderung an, vermeintlichen Terroristen, hysterischen Medien, den Mächtigen der Welt und manchmal auch dem gesamten Internet entgegenzurufen: »Ihr rastet gerade aus? Uns doch egal, wir gehen jetzt erst mal mit Freunden auf ein Glas Wein, essen gut und dann sehen wir weiter!«

TEIL II

Happiness im Netz: als digitaler Privatmensch

Meine Daten und ich: sicher ist sicher!

Wir Menschen denken nicht logisch, wir tun oft nur so. Wir ängstigen uns auch gern vor den falschen Dingen. Das Internet ist dabei keine Ausnahme. Viele von uns fürchten sich vor dem Datendiebstahl durch »böse« Großkonzerne wie Google oder Facebook. Aber vor dem Datendiebstahl durch Kriminelle schützt viele von uns oft nur ein acht Zeichen langes Passwort wie »12345678«.

Wir haben Angst, dass uns Herr Mark Zuckerberg (persönlich) unsere Daten stiehlt, aber wir verwenden das Passwort »password« für unseren Facebook-Account. Warum wir dies tun? Weil es so wunderbar bequem ist! Im Oktober 2013 gelangten Hacker an die Benutzernamen und Passwörter von 130 Millionen Adobe-Kunden. Sie stellten diese Daten daraufhin online zur Verfügung. Neben dem Schaden für Adobe und dem Aufwand für die Nutzer, ein neues Passwort zu setzen, gab dieser Vorfall Experten die Möglichkeit, diese Passwörter zu analysieren. Die Ergebnisse waren ernüchternd. Unter den Top 100 der von Adobe-Kunden verwendeten Passwörter finden sich: 123456, 123456789, password, adobe123, qwerty (auf der amerikanischen Tastatur sind »y« und »z« vertauscht), 111111 und photoshop. Diese Analyse zeigte klar: Unsere Passwort-Gewohnheiten sind katastrophal. Wir lassen den digitalen Haustorschlüssel nicht einfach unter der Türmatte liegen, wir befestigen ihn gleich mit Klebeband an die Türklingel.

Gesagt, getan: Das muss sich ändern. Überwinden wir also gemeinsam den inneren Schweinehund und ändern unsere Passwörter auf sichere Buchstaben- und Ziffernkombinationen. In der Praxis tritt dann zumeist etwas Kurioses ein: Oftmals übertreiben wir es in die andere Richtung. Vielleicht haben wir schlussendlich ein sicheres Passwort oder sogar mehrere verschiedene, aber dann sind sie oft so sicher, dass wir uns diese selbst nicht merken. Nach ein paar fehlerhaften Versuchen sperrt uns etwa Facebook selbst aus unserem Account aus, für einen Tag oder mehr. Haben wir wieder Zugriff auf unseren Account, ändern wir vielleicht frustriert das Passwort wieder auf das einfach zu merkende 123456 zurück.

Banken wissen um unsere unsicheren Gewohnheiten und vertrauen uns deshalb nur bedingt. Für eine Finanztransaktion genügt es nicht, Benutzernamen und Passwort eines Telebanking-Zugangs zu kennen, sondern wir sind zum Beispiel zusätzlich gezwungen, mit einem an ein Mobilgerät gesendeten Code – dem eTAN – zu bezahlen. Man nennt eine Anmeldung, die auf zwei verschiedenen Bausteinen, nämlich Login und Handy-TAN, beruht, ein Zwei-Faktor-Verfahren. Natürlich sind auch solche Systeme nicht hundertprozentig sicher. Jemand kann uns zum Beispiel Laptop und Handy gleichzeitig stehlen. Aber solche Zwei-Faktor-Verfahren sind in jedem Fall viel sicherer als ein herkömmliches Login mit einem schwachen Passwort. Deshalb erlaubt uns die Bank auch nicht, etwas zu überweisen, ohne diese zusätzliche Sicherungsmaßnahme. Kreditkartenfirmen sehen das inzwischen ähnlich. War es früher ausreichend, die Nummer der Karte und ihr Ablaufdatum zu kennen, so gilt es inzwischen zusätzlich den Secure-Code von der Rückseite der Karte einzugeben und für Online-Zahlungen auch immer öfter ein eigenes Online-Passwort.

Wie können wir uns besser schützen und die Schutzfunktion unserer Passwörter erhöhen? Anders als bei Bankkonten oder Kreditkarten sind wir es hier, die dafür Sorge tragen müssen, dass wir sicher unterwegs sind. Eigentlich ist es sehr einfach: Ein unsicheres Passwort ist immer ein kurzes Passwort, und zwar egal, ob es im Wörterbuch steht oder ob es aus einer wilden Zahlen- und Buchstabenkombination besteht. Wirklich katastrophal sind natürlich Passwörter wie das erwähnte 123456 – das eigentlich gar kein

Passwort, sondern Aufforderung zum Diebstahl ist. Denn solche Passwörter können von Profis mittels sogenannter »Brute Force«-Attacken meist innerhalb kürzester Zeit geknackt werden. Brute Force, auf Deutsch »brutale Gewalt«, bedeutet im Prinzip, einfach nur eine Vielzahl an möglichen Passwörtern auszuprobieren. Diese Passwörter können aus einem Lexikon kommen oder eben aus einer Liste der weitverbreitetsten Passwörter.

Somit ist ein sicheres Passwort einmal eines: lang! Dabei ist es nicht unmittelbar wichtig, ob es Zahlen oder Sonderzeichen enthält. Der Aufwand, ein Passwort zu knacken, steigt nämlich mit jedem Zeichen exponentiell an. Würde ein Computer, um alle möglichen Kombinationen durchzuprobieren, bei einer Million Tastaturanschlägen pro Sekunde, für ein Passwort mit fünf Zeichen circa eine Stunde brauchen, so liegt der Wert für acht Zeichen schon bei rund 72 Jahren (Passworthacker haben allerdings meistens mehr als einen Computer zur Verfügung) und bei zehn Zeichen wären es bereits ca. 450.000 Jahre!

Viele Online-Dienste zwingen uns deshalb heutzutage, unsere Passwörter mindestens acht Zeichen lang zu wählen und zusätzlich jeweils eine Ziffer oder ein Sonderzeichen zu verwenden. Das ist zwar eigentlich nicht notwendig, aber es ist die einfachste automatisierbare Möglichkeit, um so beliebte und deshalb gefährliche Passwörter wie »123456«, »password« und »Superman« zu verhindern. Wirklich sichere Passwörter fangen bei 16 Zeichen an. Das hat damit zu tun, dass für das Durchprobieren aller möglichen Kombinationen auch gilt, dass man durch Glück und Zufall die richtige Kombination schon sehr früh erraten kann. Erst, wenn die Möglichkeiten hinreichend (zu) viele sind, wird das Passwort wirklich sicher. Wenn wir uns für ein langes Passwort entscheiden, ist es vielleicht nicht leicht, dass wir uns dieses selbst merken. Dafür gibt es einen einfachen Trick: Ein natürliches Wort wie »Prinzessin« ist unsicher, eine bekannte Phrase wie »DiePrinzessinaufderErbse« ist ebenfalls unsicher. Aber etwa »DiePrinzessinsurftimPark« ist ein recht sicheres Passwort (vor allem verglichen mit 123456!).

Einen höheren Sicherheitsfaktor können wir erzeugen, wenn wir uns die Anmeldesysteme von Banken als Vorbild nehmen: Für viele Online-Dienste wie Google, Facebook oder Twitter können wir das sogenannte Zwei-Faktor-Login verwenden. Das bedeutet, wir melden uns ganz normal bei Facebook mit Benutzernamen und Passwort an, aber statt dass wir gleich dadurch eingeloggt sind, bekommen wir einen TAN auf unser Mobiltelefon gesendet und müssen diesen eingeben, bevor wir wirklich eingeloggt sind. Das verhindert natürlich grandios, dass ein Fremder, der unser Passwort kennt, sich statt uns einloggen kann!

Eine Spezialform des Zwei-Faktor-Logins sind sogenannte Passwortkarten. Passwortkarten schauen aus wie kleine Schachbretter, nur mit Buchstaben und Zahlen anstatt schwarzen und weißen Feldern. Rundum das Feld an Buchstaben und Ziffern sind die Reihen und Spalten zum Beispiel mit A bis M und 1 bis 16 benannt. Loggt man sich mit Benutzernamen und Passwort ein, so bekommt man in einem zweiten Schritt beispielsweise die Aufforderung, das Passwort von B3 bis K12 einzugeben. Nur, wer die richtige Passwortkarte hat, kann diese willkürliche Kombination ablesen. Alle anderen würden nur Bahnhof verstehen. Beim nächsten Login ist die Kombination natürlich eine andere.

Viele Menschen vertrauen ihre Passwörter ihrem Browser an. Das ist zwar extrem bequem, kann aber schnell ins Auge gehen. Browser verschlüsseln diese Information nämlich nicht automatisch. Speichert man seine Passwörter zum Beispiel in Firefox, so sollte man in den Einstellungen ein Master-Passwort für den Zugriff auf bereits gespeicherte Passwörter extra einschalten. Ansonsten kann jeder oder jede, der/die den Browser auf meinem Computer öffnet, meine gespeicherten Passwörter in den Einstellungen lesen, einfach so!

Sicherer ist es also, nicht in den Browsern selbst zu speichern, sondern einen eigenen Passwortsafe wie etwa 1Password, McAfee LiveSafe oder AceBIT Password Depot zu verwenden. Passwortmanager sind Programme, die alle Passwörter an einem zentralen Ort verschlüsselt speichern. Über ein Zusatzprogramm für den Webbrowser, ein sogenanntes Plug-in, wird der Passworttresor mit dem Browser verbunden. Ein Plug-in ist ein kleines Programm, das die Funktion eines anderen Programms, zum Beispiel eben eines Webbrowsers, erweitert. Mit einem Master-Passwort (das natürlich besonders lang und sicher sein sollte!) kann man als Benutzer diesen Tresor aufsperren und die gespeicherten Passwörter nutzen. Das Speichern von Passwörtern in einem Passwortsafe hat noch einen weiteren, oft übersehenen Nutzen: Wenn Sie zum Beispiel Ihr Telebanking-Passwort speichern, können Sie einem Phishing-Versuch nicht so leicht auf den Leim gehen!

Unter Phishing versteht man den Versuch, uns Online-Zugänge herauszulocken, indem der Absender einer Mail uns vorgaukelt, dass es sich über eine mit einem Link erreichbare Website, um eine legitime Login-Seite handelt. Phishing funktioniert zum Beispiel über E-Mail. Wir bekommen also eine E-Mail – scheinbar von unserer Bank –, in der man uns androht, aus Sicherheitsgründen (Achtung: Ironie!) das Online-Banking zu sperren, sofern wir uns nicht sofort einloggen. Aber statt auf die Login-Seite der Bank, führt der Link in der E-Mail auf eine gefälschte Seite, die oftmals der tatsächlichen Login-Seite täuschend ähnlich sieht. Würden wir also unsere Login-Daten eingeben (manchmal wird sogar ganz frech gleich noch nach einem TAN zum Eingeben gefragt!), verraten wir den Datendieben unser Login zu unserem Finanzdepot oder anderen wichtigen Bereichen. Wie verherrend in der Auswirkung!

Klicken wir einen solchen Phishing-Link an, so ist die Webadresse der Login-Seite nicht die Webadresse der echten Login-Seite, sondern versucht, die Webadresse der Login-Seite nur nachzumachen. Wir selbst erkennen den Unterschied unter Umständen nicht, aber ein Passworttresor erkennt dies und warnt uns: Für diese Seite habe ich kein Login gespeichert. Spätestens jetzt sollten bei uns die Alarmglocken läuten, wenn wir erkennen, dass wir im Begriff sind, unser Login an einem anderen Ort zu verwenden als dem, für den wir es ursprünglich gespeichert haben.

Passworttresore können uns auch Passwörter vorschlagen. Diese sind meistens wilde Buchstaben-Zahlen-Kombinationen. Die gute Nachricht: Wir müssen uns diese ja nicht selbst merken! Das tut unser Passworttresor für uns! Außerdem können uns Passworttresore auf unsichere Passwörter aufmerksam machen. Wenn eines der Passwörter zu kurz oder zu einfach ist, zu lange nicht geändert wurde oder die Seite, für die es gedacht ist, in jüngster Zeit durch Passwortdiebstahl in die Medien gekommen ist, warnt uns ein Passworttresor, dass unser Passwort unsicher geworden ist. Ändern sollten Sie Ihre Passwörter mindestens einmal im Jahr. Viele Firmen-Logins verlangen beispielsweise aus Sicherheitsgründen alle ein bis drei Monate ein neues Passwort. Sie sehen, mit einem Passworttresor verlieren auch Hunderte sichere und lange Passwörter ihren Schrecken. Erst recht, weil wir viele Passworttresore mobil ebenfalls nutzen können und so im wahrsten Sinn des Wortes sicher unterwegs sind!

Aber selbst der beste Passworttresor ist nicht dagegen gefeit, gehackt zu werden. Die Anbieter entwickeln ihre Produkte immer weiter und sind durchaus bemüht, alle Bedenken zu zerstreuen, dass sie im Zuge ihrer Dienste mit der NSA zusammenarbeiten. Für einen aktuellen Überblick und Vergleichstest verschiedener Anbieter von Passworttresoren sollte man nach einem Anbietertest googeln. Computermagazine oder auch Verbrauchermagazine testen in unregelmäßigen Abständen Passworttresore auf ihre Sicherheit und ihre einfache Benutzbarkeit. Auch hier gilt: Halten Sie sich mit ein paar Klicks und dem Generieren von aktuellen Informationen auf dem neuesten (Sicherheits-)Stand!

Ist es nun wirklich notwendig, für jeden Account ein anderes Passwort zu verwenden? Eigentlich nicht. Aber es kommt natürlich darauf an, was für ein Schaden mit einem solchen Passwort angerichtet werden kann. Ein anschauliches Beispiel: Eine österreichische Organisation hatte auf ihrer Webseite einen Download-Bereich für Journalisten eingerichtet. Die E-Mail-Adressen und Passwortkombinationen für diesen Download-Bereich wurden im Verzeichnis des Download-Bereichs selbst unverschlüsselt als Textdatei abgespeichert. Dieser Download-Bereich wurde gehackt. Die freudigen Hacker hatten somit eine lange Liste an E-Mail-Adressen und Passwortkombinationen von Journalisten. Man muss kein Genie sein, um diese Kombinationen auf Facebook auszuprobieren, und siehe da: Viele der Logins waren von ihren Besitzern ident gewählt worden und funktionierten auch auf Facebook.

Dagegen hilft natürlich, entweder für jedes Service ein eigenes Passwort zu haben oder aber nur klar in wichtige und weniger wichtige Services zu trennen: Wenn Sie wollen, können Sie weiterhin für einen eher unwichtigen Download-Bereich ein weniger sicheres Passwort verwenden. Aber bitte wählen Sie nicht das gleiche Passwort, das Sie beispielsweise auch für Facebook verwenden!

Ein sicheres Passwort vor allem für wichtige Services zu wählen, hat noch einen weiteren Vorteil: Wer Zugang zu unseren digitalen Kommunikationskanälen wie E-Mail, Facebook, Twitter und unverschlüsselten Cloud-Daten etc. bekommt, der kann sich im schlimmsten Fall auch als einer von uns ausgeben. Oder, alternativ, unsere digitale Identität vernichten. Dieses Phänomen, im Volksmund Identitätsklau genannt, kann ein ernstes Problem werden.

Mat Honan, ein amerikanischer Journalist, wurde 2012 zum Opfer eines Hackers, der es auf maximalen Schaden abgesehen hatte. Mats Google-Account wurde gehackt und alle Daten gelöscht, sein Twitter-Account genutzt, um homophobe und rassistische Tweets zu versenden und seine Apple-ID verwendet, um per Fernsteuerung alle Daten auf all seinen Apple-Geräten zu löschen. Um diesen immensen digitalen und persönlichen Schaden anzurichten, brauchte der Hacker gerade mal eine Stunde.

Der gehackte Journalist war Realist genug, um seinen eigenen Anteil an der Misere einzugestehen. Die Nutzung eines Zwei-Faktor-Logins bei Google hätte in seinem Fall das Schlimmste verhindern können. Und hätte er Back-ups seiner Daten gesichert, wären nicht ein ganzes Jahr gesammelte Dokumente und Fotos verloren gewesen. Aber dieser Vorfall zeigte damals Schwächen in den Systemen der von ihm genutzten Online-Dienste Amazon und Apple auf. Vor allem Cloud-basierte Dienste sind in Gefahr, auf diese Art und Weise gehackt zu werden.

In Mat Honans Fall hatten die Hacker es nur darauf abgesehen, seine Daten zu löschen. Identitätsdiebstahl kann aber noch viel weiter gehen: Gelangen Hacker an unverschlüsselte Informationen wie weitere Passwörter oder Kreditkarteninformationen, so können sie im Namen der gehackten Person praktisch alles tun, wozu diese berechtigt ist. Ein besonders schlimmer Aspekt: Oftmals kann die Person, der digitaler Schaden zugefügt wird, den Hackern nicht das Handwerk legen, da sie selbst keinen Zugang mehr zu den eigenen Accounts hat, sondern von den Hackern ausgesperrt wurde. Wir dürfen Sie an dieser Stelle nochmals ermuntern: Auch deshalb ist es wichtig, gute Passwörter zu verwenden. Setzen Sie dies bitte so bald wie möglich für sich selbst in die Tat um. Tauschen Sie leicht knackbare durch sichere Passwörter aus.

Mat Honan bekam seine digitale Identität jedenfalls erst

wieder in den Griff, nachdem er wiederholt und teilweise stundenlang mit den telefonischen Support-Hotlines von Apple, Google und Amazon telefoniert hatte. Doch zu diesem Zeitpunkt waren all seine in diesen Systemen gespeicherten Daten bereits gelöscht.

Eine andere Art von Identitätsdiebstahl wird im Moment gern von Betrügern auf Facebook angewandt. Sie suchen sich einen Nutzer aus, dessen Freunde öffentlich sichtbar sind, und kopieren dessen Account-Informationen in einen neuen Account mit einem geringfügig anderen Namen. Aus »Petra Huber« wird dann beispielsweise »Petrra Huber«, Bannerbild, Profilfoto, letzte Fotos und Statuseinträge sind ident. Dann stellt die falsche Petrra allen Freunden der echten Petra eine Freundschaftsanfrage. Die echte Petra wird blockiert, damit sie ihr Doppelgängerprofil nicht sehen kann. Fällt jemand auf den Schwindel herein, bekommt er von der falschen Petrra bald Privatnachrichten mit dubiosen Inhalten. Manche dieser Betrüger fragen ihre neuen Freunde unter dem Vorwand, ihr Handy verloren zu haben, nach ihren Mobiltelefonnummern und schicken ihnen dann SMS-Nachrichten von Mehrwertnummern. Beantwortet man diese SMS, so kann es passieren, dass einem pro SMS 50 Euro verrechnet werden. Andere behaupten, im Ausland bestohlen worden zu sein – wir wissen jetzt ja schon: Betrüger sind oftmals Menschen mit Hang zu Ironie – und bitten um Geldzusendung, um wieder »heimkommen« zu können.

Wenn man ein solches gefälschtes Profil entdeckt, sollte man zweierlei tun: Das Profil bei Facebook melden und die betroffene Person verständigen. Diese kann das gefälschte Profil meistens nicht selbst sehen und damit auch nicht melden. Betroffene können jedoch ihre echten Freunde vor der falschen »Petrra« warnen.

DIGITAL TRISTESSE – Lena

Immer wieder bin ich auf einem Seminar und benötige ein Passwort, weil ich mich auf einem Rechner vor Ort einloggen möchte. Ich öffne meinen Passwortmanager am Mobiltelefon, gebe das Passwort ein – und vertippe mich dreimal. In solchen Momenten nervt es schon etwas, lange Passwörter verwenden zu müssen. Vielleicht steige ich ja doch mal auf die Variante um, wo mir ein Code aufs Handy gesendet wird. Aber auch das bedeutet Arbeit.

DIGITAL HAPPINESS – Lena

Ich selbst verwende für diverse Services, in denen ich keine persönlichen Daten eingebe, ein identes Passwort. Dieses Passwort ist lang und sicher. Aber selbst wenn es jemand ausspionieren würde, kann er damit maximal Online-Lernvideos anschauen oder den Download-Bereich meines Steuerberaters besuchen.
Bei datensensiblen Plattformen wie etwa Facebook oder Google habe ich nämlich aus Sicherheitsgründen ein anderes Passwort gewählt. Für alle Services, die entweder in meinem Namen posten können oder in denen personenbezogene Daten von mit gespeichert sind, verwende ich den Passworttresor, mit einem jeweils nur für diesen Dienst verwendeten Passwort!

Data-Mining und Datensammler: Wenn Internet-Profiler mehr über uns wissen als wir selbst

Vivienne Ming ist Big-Data-Spezialistin mit einer Mission: Über drei Jahre hat sie – öffentlich verfügbare – Informationen von hundert verschiedenen Websites gesammelt und anschließend ausgewertet. Beispiele für ihre Datenquellen: LinkedIn, Facebook und der Fotodienst Bitbucket. Die Frage, die mit diesem Data-Mining-Experiment beantwortet werden sollte: Was macht einen Programmierer erfolgreich? Ihr, wenig überraschendes, Ergebnis: Männer gehören zu den Erfolgreichen, Frauen und Minderheiten werden in der Branche benachteiligt. Vivienne Ming stellte nicht einfach Vermutungen an, die sie aufgrund von Interviews und subjektiven Meinungen generierte. Sie sammelte einfach nur Informationen aus dem Internet und »errechnete« diese Behauptung der Benachteiligung von Frauen und Minderheiten aus den gesammelten Daten.

Wie in dem alten Witz: »Traue keiner Statistik, die du nicht selbst gefälscht hast« sind wir gefordert, solchen Ergebnissen mit einiger Skepsis zu begegnen. Aber Data-Mining liegt definitiv im Trend, und statistisch wertvolle Informationen über Menschen zu generieren, die diese Informationen nicht freiwillig gegeben, sondern quasi »im Vorbeigehen« unabsichtlich erzeugt haben, ist bereits zu einem wichtigen Wirtschaftsfaktor geworden.

Data-Mining ist eine Disziplin der Informatik. Es ist ein Prozess, der große Datenmengen (»Big Data«) nach Mustern und Korrelationen durchforstet. Die Datenmengen können aus verschiedenen Quellen stammen und sehr unterschiedlich aussehen. Adressdatenbanken, Kreditkarteninformationen, Transaktionsdaten, Kommunikationsdaten: Alle diese können verknüpft werden. Tatsächlich sucht man im Data-Mining nicht *nach* Daten, sondern *in* ihnen. Das Ergebnis der Suche ist neues (bisher unbekanntes und potenziell nützliches) Wissen über Trends, Querverbindungen und statistische Muster, die ein Gesamtbild über die Datenmenge ergeben.

Dürfen wir Sie neugierig machen? Haben Sie Interesse, sich selbst kennenzulernen, und zwar aus einer vollkommen neuen Perspektive? Wollen Sie sich einem Test unterziehen? Und zwar nicht, ob Sie psychologisch gebildet sind, wie hoch Ihr IQ ist oder welche Disney-Prinzessin Sie wären. Nein, wir stellen die spannende Frage: Wie sieht Sie das Internet? Es ist ganz leicht, dies selbst herauszufinden – natürlich im Internet. *www.netzausglas.de* ist eine Webseite, auf der Sie sich selbst testen können. Sie können dort erfahren, was das Internet über Sie weiß. Oder, anders gesagt: was Big-Data-Maschinen wie Google oder Bing über Sie wissen, und was »Netz aus Glas« aus dieser Information kombiniert. Allerdings wird Ihnen das nur gelingen, wenn Sie nicht Lieschen Müller oder Hänschen Meier heißen. Menschen mit einem sogenannten Allerweltsnamen sind im Internet leider notorisch schlecht zu profilen. Googeln Sie doch einmal »Peter Huber«: Sie würden auf der ersten Seite – je nachdem, wo Sie wohnen und ob Sie in Ihren Google-Account eingeloggt sind – einen amerikanischen Anwalt, einen New Yorker Journalisten, einen deutschen Erzeuger von Kältemaschinen, einen Hans Peter Huber auf Facebook und einen Forscher am Österreichischen Wirtschaftsforschungsinstitut finden.

DIGITAL TRISTESSE – Lena

Viele Menschen schreiben meinen Namen falsch. Doppler statt Doppel. Immer wieder bekomme ich eine E-Mail von jemandem, der mir sagt, er habe online dieses oder jenes über mich nicht gefunden. Meistens beginnen diese E-Mails mit »Sehr geehrte Frau Doppler«. Ich bin froh, dass ich diese E-Mails über-

haupt bekomme. Irgendwann nämlich habe ich aufgegeben und mir für lena.doppel auch lena.doppler als Alias eingetragen.

DIGITAL HAPPINESS – Lena

Gebe ich meinen Namen »Lena Doppel« ein, so findet Google recht viel über mich (und zeigt zugleich ein paar Seiten weiter das Doppelalbum der deutschen Sängerin Lena Meyer-Landrut). www.netzausglas.de hingegen findet fast nichts. Ein paar Namen von Kolleginnen und Kollegen, aber kaum etwas über mich persönlich. Das liegt hauptsächlich daran, dass von mir in der Datenbank, die netzausglas durchsucht, noch kein Profil existiert. Eine meiner Freundinnen, Sonja B., hat bereits ein Profil auf der Plattform und zu ihr findet netzausglas die (durchaus korrekten) Stichworte Österreich, Journalistin, Social Media, ORF, Moderation, Medien, Radio, Wissenschaft, Universität.

www.netzausglas.de sucht nicht nur in Google, sondern greift vor allem auf Daten der Firma Yasni zurück, einer spezialisierten digitalen Personensuche. Digitale Personensuchdienste versuchen, alles über eine spezielle Person herauszufinden und zu sammeln, was frei im Internet zu finden ist. Das Geschäftsmodell von Yasni ist, das Angebot dieser im Internet über uns frei verfügbaren Daten im Weiteren um unsere eigenen Informationen zu ergänzen. Dafür müssen wir selbst keinen Account bei Yasni angelegt haben, es genügt, dass öfter mal jemand nach uns sucht. Dann wird von Yasni aus selbst ein Account über uns angelegt. Manchmal ist das, was im Internet zu finden ist, nicht das, was uns im besten Licht erscheinen lässt. Oder man findet fast nichts oder zu wenig Aussagekräftiges. Selbst wenn man alle Profile von Google+, Facebook, Twitter, Xing oder LinkedIn zusammenfügt, muss die Datenbank diese noch der richtigen Person zuordnen können. Wie gesagt, weitverbreitete Namen wie Lieschen Müller gibt es in allen Kulturkreisen.

Selbst für einen Datensammler wie Yasni gilt also: Die meiste – und vor allem die korrekte – Information, die andere im Internet über uns in Erfahrung bringen können, stammt von uns selbst! Für Personensuchdienste wie Yasni sind Informationen aus sozialen Netzwerken nur zum Teil sichtbar. Während Tweets auf Twitter zu 99 Prozent frei verfügbar sind, sind sehr viele Facebook-Postings nur für Facebook-Nutzer sichtbar, weil viele Facebook-Nutzerinnen das so wollen. Facebook-Nutzer können – generell und pro Posting – einstellen, wer ihre Postings lesen kann. Wir schreiben also etwas in soziale Netzwerke oder auf unsere Webseiten. Einige Datensammler können das auch lesen, aber längst nicht alle, und die Information, es korrekt zuzuordnen und zu bewerten, ist eine weitere Herausforderung. Computer sind notorisch gut im Verknüpfen von einfachen Informationen. Geben Sie jemanden bei Facebook im Bereich »Familie« als Ihren Onkel an, weiß ein Computer, dass Sie seine Nichte oder sein Neffe sind. Schreiben Sie in einer Statusmeldung »Alles Gute, Onkel Peter!«, weil Ihr Freund Peter gerade Onkel geworden ist, so wird das für einen Algorithmus schon zur Rätselrallye. Ist Peter jetzt Ihr Onkel oder nicht? Nennen Sie ihn scherzhaft Onkel oder wollen Sie damit ein Verwandtschaftsverhältnis ausdrücken? Oder ist er tatsächlich jemandes Onkel, und wenn ja, von wem?

Problematisch, auch für den Einzelnen, wird es dort, wo online faktisch falsche oder für uns unangenehme Informationen zu finden sind. Zum Beispiel ein Arbeitgeber, bei dem wir seit vielen Jahren nicht mehr tätig sind, und der inzwischen wegen übler Machenschaften ins Gerede gekommen ist. Oder ein Gerichtsurteil über uns, das – zwar rechtlich verjährt – in einem Bezirksblatt von anno dazumal immer noch online steht. Ein Vorgängerdienst von Yasni mit dem Namen 1-2-3 People verstand sich als Dienst für Online-Reputation-Management. Gegen Bezahlung konnte jeder zum Beispiel den Auftrag geben, eine unerwünschte Information in einem Suchergebnis zu löschen. Das funktionierte natürlich nur, wenn die betreffenden Webseiten es zuließen, die Information zu eliminieren. Natürlich dauerte es danach noch einige Zeit, bis die Informationen aus dem Datenspeicher von Google verschwunden waren.

Auswirkungen auf unser Leben können aber nicht nur unsere eigenen Daten haben, sondern auch die anderer Menschen um uns herum: Computer können statistische Wahrscheinlichkeiten über uns errechnen, die nur mit unseren grundlegendsten Daten zu tun haben. So sehr wir uns alle für einzigartig halten: Für Statistiker sind wir nur allzu berechenbar. Aus unserem Alter, unserer finanziellen Situation und unseren Bankbewegungen lässt sich zum Beispiel darauf schließen, welche Anschaffungen wir in den nächsten Jahren tätigen werden. Computer haben daran keine Schuld, sie machen es nur viel einfacher, solche Daten zu bearbeiten. Das Netz hilft den Statistikern dabei, die Datenbasis für die Berechnung zu sammeln.

So können sich zum Beispiel Banken »ausrechnen«, wie wahrscheinlich wir einen Kredit zurückzahlen, obwohl wir noch nie zuvor einen hatten. Einfach nur aufgrund unseres Alters, welchen Beruf wir haben und was wir mit unserer Bankomatkarte und von unserem Konto bezahlen, welche Versicherungen wir haben und wie wir mit unserem Überziehungsrahmen umgehen. Oder Versicherungen schätzen ein, mit welcher Wahrscheinlichkeit wir in den nächsten Jahren krank werden, und das nicht aufgrund eigener Gesundheitsdaten, sondern aufgrund statistischer Informationen, die etwas über eine ganze Bevölkerungsgruppe aussagen, der man uns zugehörig erklärt. Kreditkartenfirmen können auf Basis unserer vergangenen Ausgaben, sofern wir Transaktionen über sie abgewickelt haben, darauf schließen, ob wir eher im Luxussegment einkaufen, und uns dementsprechende Werbungen zusenden. Datenschutzgesetze regeln, welche Rechte Firmen haben, mit unseren – personenbezogenen – Daten Auswertungen zu machen und diese zu verknüpfen. Sehr oft sind die dabei gesammelten Erkenntnisse nicht personenbezogen, sondern rein statistisch. Von dieser Statistik wird wiederum auf uns als Personen ein Rückschluss gezogen, was teilweise so gut funktioniert, dass uns gruselig werden sollte.

DIGITAL TRISTESSE – Lena

Meine Freunde auf Facebook sind in letzter Zeit testsüchtig. Sie teilen Tests wie »Welche Märchenprinzessin wärst du?«, »Wer wird dieses Jahr dein bester Freund sein?« oder »Welchem Prominenten schaust du auf deinem Profilbild ähnlich?«. Was die meisten nicht bedenken: Durch die Ausführung dieser Tests erlauben sie den Betreibern Einsicht in ihr Facebook-Profil, in persönliche Daten, in die Bilder und in die Liste der eigenen Freunde. Diesbezügliche Facebook-Warnungen werden locker weggeklickt, was sind schon ein paar persönliche Daten gegen die »Tatsache«, dass man George Clooney oder Michelle Pfeiffer ähnlich sehen könnte? Ein paar Tage später wollen aber zumeist dieselben User den Facebook-Nutzungsbedingungen widersprechen und echauffieren sich über Mark Zuckerberg als Datensammler.

DIGITAL HAPPINESS – Lena

Wissende wachsen nicht auf Bäumen, aber sie wachsen heran. Seit fast 20 Jahren unterrichte ich junge Leute an Universitäten, und das

Bewusstsein für die Wichtigkeit einer digitalen Privatsphäre hat sicherlich zugenommen. Trafen meine Studierenden früher kaum eine Unterscheidung zwischen sich als öffentliche oder private Person im Internet, so entwickeln sie heute immer öfter im Verlauf ihrer Ausbildung ein Gefühl dafür: WhatsApp und Snapchat werden weitgehend privat genutzt. Portfolio-Websites wie Behance zum Einstellen des eigenen Arbeitsportfolios. Facebook, um mit Studienkollegen in Kontakt zu bleiben und in Gruppen Informationen auszutauschen, und Twitter, um Nachrichten zu lesen. Auch wenn nicht alles wunderbar ist online: Für eine gelungene Mediennutzung ist die Kombination aus eigenen Erfahrungen und denen der Generationen vor uns anscheinend eine gute Kombination.

Persönliches Datensammeln: mein digitales Ich-Puzzle

Jeder Mensch ist einzigartig! Selbst eineiige Zwillinge mit der gleichen genetischen Ausstattung gleichen sich nicht aufs Haar. Ihre Gene sind zwar die gleichen, aber ihre Erfahrungen und Lebensereignisse machen sie zu einzigartigen Wesen. Dieser Individualismus ist für Statistiker allerdings nicht mehr als ein guter Witz, für sie sind wir Menschen statistisch erfassbare Wesen. Einzigartig zwar als Mensch, sind wir als Masse nämlich außerordentlich berechenbar. Auch wer unsere einzigartigen persönlichen Daten nicht kennt, kann mit ein wenig Information über uns sehr zutreffende Vermutungen anstellen. Weiß man zum Beispiel unser Alter, Geschlecht und was und wo wir arbeiten, so könnten Statistiker aus diesen Informationen auf unseren Verdienst, unseren Familienstand und sogar unsere Lieblingsrestaurants schließen.

Was wie Zauberei klingt, ist in Wirklichkeit nur ein geschicktes Verknüpfen von Daten: Also Daten anderer, uns ähnlicher Menschen, die es ermöglichen, uns zu »profilen«, ohne dass man viel von jedem Einzelnen weiß. Alle Behauptungen über uns, die im Rahmen einer solchen Einschätzung angestellt werden, müssen natürlich nicht wahr sein. Aber die Treffgenauigkeit ist erstaunlich und erlaubt es Psychologen, Marketingexperten und Versicherungen, Einschätzungen zu treffen und Risiken abzuwägen. Man kann von der Masse auf jeden Einzelnen von uns schließen – und dabei erschreckend zutreffend liegen.

Für ein Profil über uns ist nicht länger ausschlaggebend, dass die verwendeten Informationen über uns persönlich sind: Wenn Statistiker ein paar Daten über uns wissen und genug über andere, die uns ähneln, desto besser und genauer können weitere Vermutungen über uns getroffen werden. Nehmen wir beispielsweise Susanne. Sie ist heute Ende 40 und arbeitet im Einzelhandel. Früher war sie verheiratet, heute ist sie geschieden. Ihre Bank weiß das, weil sie erst kürzlich, nach vielen Jahren, in denen ein größerer Mietbetrag monatlich von ihrem Konto abgebucht wurde, um einen Wohnkredit für den Erwerb einer kleinen Eigentumswohnung angesucht hat. Susannes Leben wird seinen einzigartigen Gang nehmen, aber, um zu entscheiden, ob die Bank Susanne einen Kredit gibt, wird das Risikomanagement Zahlen und Statistiken verwenden, die über andere Frauen Ende 40 mit einem kleinen Einkommen nach Beendigung einer Beziehung erstellt worden sind. Susanne ist ein einzigartiger Mensch, aber für das Profil, das über sie erstellt wird, ist sie eine von vielen.

Natürlich können solche statistischen Auswertungen nur Vermutungen über unser weiteres Leben anstellen. Wir können uns diesen Vermutungen aber kaum entziehen. Sollten wir detaillierte Informationen über uns verweigern – so könnte es uns passieren, dass das wenige Faktische, das über uns als Einzelne bekannt ist, einfach mit den Daten Dritter, die uns scheinbar ähneln, verknüpft wird – und voilà, fertig ist ein Profil, das die eigene Person möglicherweise zutreffend beschreibt oder auch nicht. Für eine Bank, die sich gegen das Nicht-Zurückzahlen eines Kredits absichern will, reicht die Vermutung aus, um zu entscheiden, ob dieser genehmigt wird oder nicht.

DIGITAL TRISTESSE – Katrin

Ich wollte ein Unterkonto zu meinem Hauptkonto eröffnen, damit jemand für mich Überweisungen tätigen kann. Der Zugriff für diese andere Person war nur für dieses Unterkonto geplant, natürlich nicht für mein Hauptkonto. Dies klärte ich, und es wurde mir seitens der Bank nochmals versichert. Leider kam es vollkommen anders. Durch einen Anruf erfahre ich plötzlich: Meine gesamten Konten waren seitens meiner Bank für diese Person freigeschalten worden. Die Stellungnahme meiner Bankbetreuerin: Eine Mitarbeiterin hatte eine Speicherung falsch gesetzt. Man entschuldigt sich natürlich sehr für diesen Vorfall.

DIGITAL HAPPINESS – Katrin

Hätte ich jemand weniger Vertrauenswürdigen mit einem teilweisen Zugriff auf meine Konten betrauen wollen, so hätte ich bis heute nicht davon erfahren, dass meine Finanzen für diese Person durch die inkorrekt durchgeführte digitale Freischaltung seitens der Bank vollkommen offensichtlich waren und der Zugang zu all meinen Konten gegeben worden war. Derjenige informierte mich sofort per Telefon, als er dies bemerkte. In diesem Fall war meine Digital Happiness eine Personal Happiness: Ich hatte mir genau die richtige Person ausgesucht, um ihr zu vertrauen.

Aus dem Sammeln von Daten ist nicht nur aus einer »Big Brother«-Gesinnung ein großer Trend entstanden, sondern vielmehr, weil wir selbst solch großen Spaß daran haben. Menschen sammeln ihre eigenen Daten: Zum Beispiel darüber, wie viel sie laufen, wie viele Kalorien sie zu sich nehmen oder wie oft sie eine Tätigkeit ausführen.

Was und wo haben wir zuletzt (gut) gegessen? Abgespeichert und kundgetan auf Facebook & Co., lassen wir viele andere daran teilhaben. Wie viele Kalorien hatte der Lunch bloß? Dies wird nachgesehen und auch gleich schnell eingetragen in die neue Diät-App. Wer war heute ebenfalls laufen? Mit Runtastic wächst das Gemeinschaftsgefühl, auch wenn wir allein joggen, denn Mark und Joshua nehmen regelmäßig virtuell am eigenen Trainingserfolg teil. Das motiviert!

Das plakative Beispiel »Bier und Windeln« der Webseite Easy.Data.Mining erklärt Data-Mining und die daraus resultierenden Konsequenzen sehr anschaulich: Ein Supermarkt wertete anhand der über ein Kundenkartensystem gesammelten Daten das Einkaufsverhalten seiner Kunden aus. Dabei wurde festgestellt, dass männliche Kunden, die Kleinkinder haben und am Samstag einkaufen, zusätzlich zu den Windeln für den Nachwuchs auch oft Bier für das Wochenende einkaufen. Der Supermarkt platzierte daraufhin an Samstagen die Bierpaletten gleich neben den Windeln und verzeichnete einen eklatanten Anstieg bei den Verkaufszahlen für Bier.

Manipulation? Ja, sicher! Supermärkte agieren so! Sie wissen oftmals besser als wir, wie wir ticken. Und mit jedem Einsatz einer Kundenkarte, spielen wir weiteres Wissen in die Hände der Marketingfachleute. Tatsache ist, dass diese

Manipulation aber umso besser funktioniert, wenn sie ein bestehendes Bedürfnis der Kunden bedient: Die Väter haben zuvor ja bereits auch Bier eingekauft, aber erst die Korrelation Windeln – Bier hatte zu der neuen, verkaufsfördernden Maßnahme geführt. Denn, wenn das Bier am anderen Ende des Supermarkts platziert gewesen wäre, hätten die männlichen Einkäufer es vielleicht öfter mal vergessen.

Werbung versucht nicht erst seit dem Internet, unsere persönlichen Gewohnheiten zu erfassen und auszunutzen. Aber seit es Computer und das Internet gibt, können diese Daten in viel größerem Umfang gesammelt und nach wertvollen Informationen durchsucht werden. Kundenkarten dienen diesem Zweck genauso wie eine Analyse der Kreditkarteneinkäufe und die sogenannten Tracking Cookies der Webbrowser.

Online-Shops sind übrigens heutzutage die intensivsten Nutzer einer recht simplen, aber manchmal auch sehr furchterregenden, kommerziellen Überwachungstechnik: dem Cookie-Ordner auf dem eigenen Computer.

Cookies sind Textdokumente auf unserem Computer, in denen es Webbrowsern wie z.B. Safari, Internet Explorer oder Firefox erlaubt wird, etwas hineinzuschreiben. Dies gilt aber eben nur für diese Cookies, damit schädliche Software aus dem Web nicht willkürlich etwas auf unserem Computer ändern kann. Ein Webbrowser darf nicht einfach Daten auf Ihrem Computer speichern. Wenn Sie beispielsweise etwas Bestimmtes herunterladen wollen, müssen Sie auf einen Link klicken. Ein Cookie hingegen darf der Browser schreiben, ohne Sie vorher zu fragen. An sich macht dies auch Sinn. Wenn Sie Cookies einfach abdrehen würden, könnten Sie fast keine Webseiten benutzen, bei denen Sie sich persönlich anmelden müssen, sei es Facebook oder die Kommentarfunktion bei einem Online-Medium. Zum normalen Webseiten-Ansehen brauchen wir eigentlich keine Cookies. Aber sobald wir uns wo anmelden wollen, benötigt der Webserver das sogenannte »Session Cookie«, um zu wissen, dass jeder von uns tatsächlich der ist, der er vorgibt zu sein. Jedes Mal, wenn wir nach dem Einloggen in ein Service auf einen internen Link klicken, schaut das Online-Service in unserem Cookie-Ordner nach und fragt: Sind Sie immer noch Sie? Wenn als Antwort das Session Cookie kommt (Ja, ich bin dieselbe Person mit demselben Browser), dann wird die neue Seite angezeigt. Andernfalls nicht. Alternativ zu Session Cookies müssten wir uns also jedes Mal neu anmelden, wenn wir auf Facebook auf einen Link klicken. Das wäre natürlich extrem unpraktisch.

Tracking Cookies sind eine Spezialform von Cookies. Dabei teilen sich mehrere Webseiten das gleiche Cookie auf unserer Festplatte und wissen dadurch, auf welchen anderen Webseiten mit einem identen Cookie wir zuvor gesurft sind. Allerdings wissen Tracking Cookies nicht über alle Seiten Bescheid, die wir angesteuert hatten, sondern nur über die Cookies im gleichen Werbeverband, die also das gleiche Tracking Cookie verwenden. Im Prinzip läuft das gleiche Stück Computercode auf verschiedenen Webseiten und kann dadurch in das idente Cookie schreiben und auch hineinschauen. So »teilen« sich diese Webseiten eine Cookie-Information und wissen, wo der Benutzer sonst noch online unterwegs war.

Es gibt also gute und weniger gute Cookies. Die guten Cookies werden von Sites verwendet, um von Klick zu Klick zu verifizieren, dass Sie immer noch Sie sind – sie werden »Session«-Cookies genannt. Die weniger Guten verwenden wie gerade beschrieben Online-Händler, um beispielsweise zu speichern, welche Werbungen Sie angeklickt haben, welche Produkte Sie angesehen oder welche Seiten Sie besucht haben.

Ein Beispiel: Jens besucht die Webseite eines Anglervereins. Er möchte sich informieren, welche Voraussetzungen es gibt, um Mitglied zu werden. Er sieht, dass man die Mitgliedschaft online abschließen kann. Was er nicht weiß: Die

Seite des Anglervereins schaltet Werbung für die Vereinsmitgliedschaft auf anderen Webseiten und nimmt daher auch an einem der großen Werbenetzwerke teil. Grundsätzlich ist es egal, ob Jens nun gleich eine Mitgliedschaft online abschließt oder nicht. Der Abschluss der Mitgliedschaft ist eine personenbezogene Information, die der Anglerverband mit niemandem teilt. Aber schaut Jens nur ein paar Tage später auf einer Seite für Anglerbedarf vorbei, die am gleichen Werbenetzwerk teilnimmt wie der Verband, so wird Jens mit großer Wahrscheinlichkeit eine Werbung für den Abschluss der Mitgliedschaft bei eben jenem Verband sehen. Ruft Jens nun in weiterer Folge öfters Seiten auf, die mit dem gleichen Werbenetzwerk zusammenarbeiten, so kann es vorkommen, dass er sich einige Zeit lang von derselben Anglervereinswerbung regelrecht verfolgt vorkommt. Und zwar wieder unabhängig davon, ob er bereits Mitglied ist oder nicht. Das Tracking Cookie auf seinem Computer signalisiert der neuen Seite: »Schau mal, der Typ war auf der Anglervereinsseite, zeige ihm doch mal die Werbung. Vielleicht wird er Mitglied.«

Marie wird ebenfalls von einer Werbung verfolgt und zwar von einem Werbebanner eines Online-Versands. Anders als bei Jens ist es aber nicht nur die Firma, die auf verschiedenen Webseiten immer wieder auftaucht, es sind sogar die gleichen Produkte. In einem Werbebanner mit dem Namen des Online-Shops sieht sie Produkte, die sie sich in eben jenem Online-Shop angesehen, aber nicht gekauft hat. Die Absicht der Werber ist es nicht, Marie das gespenstische Gefühl zu geben, verfolgt zu werden, sondern es sollen ihr Produkte in Erinnerung gerufen werden, für die sie sich schon mal interessiert hat.

Die wenigsten Menschen wissen über Cookies Bescheid, und deshalb hat sich die EU ein Gesetz ausgedacht, das Sie als User zumindest über deren Existenz informieren soll. Seit

2009 müssen Webseiten in der EU ihre Benutzer über den Einsatz von Cookies informieren. Diese Information ist einfach gehalten und unterscheidet nicht zwischen Session und Tracking Cookies. Wenn Sie der Verwendung einmal zugestimmt haben, wird diese Information nicht mehr eingeblendet. Nicht zustimmen ist leider keine Option, wenn Sie sich bei einer Webseite anmelden wollen. Ohne Session Cookies müssten Sie sich bei jeder einzelnen Seite, das bedeutet nach jedem Klick, der eine Seite neu lädt, wieder anmelden, da das Web ursprünglich nicht für die personalisierte Nutzung gebaut wurde.

Nun gut, wenn es also die absolute Sicherheit nicht gibt, was können wir dann tun, um wenigstens ein bisschen sicherer zu sein? Zuerst einmal: wachsam bleiben. Kreditkartenabrechnungen gehören kontrolliert. Immer! Zugänge zu Online-Services, die Ihnen nicht hundertprozentig vertrauenswürdig erscheinen, tätigen Sie am besten mit einer eigenen, zweiten E-Mail-Adresse, die Sie nur für solche Services verwenden. Sie sind online auch sicherer unterwegs, wenn Sie Tracking Cookies regelmäßig löschen. Das müssen Sie nicht händisch umsetzen (für Laien sind Tracking Cookies übrigens nicht von Session Cookies zu unterscheiden), sondern Sie können sich Programme herunterladen, die dieses Löschen anbieten. Am besten lädt man solche Programme von einer verifizierten Quelle wie chip.de oder heise.de herunter. Dort findet man geprüfte Software, die nicht selbst mit einem Virus infiziert ist.

Manche VPN-Apps (Virtual Private Network) bieten übrigens die Funktionalität, solche Tracking Cookies gar nicht erst entstehen zu lassen. Sie verbieten den bekannten Werbenetzwerken das Schreiben von Cookies bereits vorab. VPN-Apps werden auch genutzt, um mit einer anderen als der eigenen IP-Adresse im Netz zu surfen. Bekannte Anbieter sind zum Beispiel HideMyAss Pro VPN, CyberGhost VPN, Hotspot Shield VPN oder Tunnelbear.

Diese Form der Anonymisierung hat den Bonuseffekt, dass mit einer als »amerikanisch« identifizierbaren IP-Adresse z.B. amerikanische Fernsehkanäle in Europa geschaut werden können.

Eine andere Variante für ein sichereres Surfverhalten: Die meisten Internetbrowser haben eine dementsprechende Einstellung, die den Verlauf der Webseiten, die Sie besucht haben, nicht aufzeichnen und verhindern, dass langfristige Cookies gesetzt werden. Tracking Cookies funktionieren beim privaten Surfen und während der Nutzung eines Privacy Modus jedoch weiter. Das heißt, es wird dem Webbrowser nicht verboten, Einträge in die Cookie Files zu schreiben. Diese Einträge werden jedoch nach Beendigung des Privacy Modus gelöscht.

Können wir uns also komplett vor Cookies schützen? Nicht wirklich! Sobald wir ein Webservice nutzen, das ein Login erfordert, ob Telebanking, Twitter oder Facebook, müssen wir dem Browser erlauben, Cookies zu nutzen.

Was Sie jedoch tun können: Cookies im Browser regelmäßig löschen oder zum Beispiel spezielle Software einsetzen, die regelmäßig die Tracking Cookies bekannter Werbenetzwerke löscht. Der Effekt ist aber nur von kurzer Dauer. Besuchen Sie erneut eine Seite, die Tracking Cookies setzt, dann werden diese neu angelegt. Die alten Informationen – zum Beispiel wo Sie gestern gesurft haben – bleiben aber gelöscht. In den Browsereinstellungen, unter dem Reiter »Datenschutz« oder »Sicherheit«, finden Sie eine Auflistung der gespeicherten Cookies und können sich ansehen, welche es gibt und diese auch händisch einzeln oder alle auf einmal löschen. Programme wie Norton Power Eraser oder Cookienator löschen gezielt Tracking Cookies, ohne die hilfreichen Cookies anderer Webseiten zu entfernen.

Wobei »hilfreich« nicht hundertprozentig eindeutig ist. Normalerweise kann ein Webserver ja nur auf die eigenen Cookies zugreifen. Tracking Cookies erlauben eben das Tracken, also dass Benutzer über verschiedene Webseiten hinweg verfolgt werden. Facebook nutzt zum Speichern der Login-Information ein spezielles Cookie, eine Mischung aus normalem Login- und Tracking Cookie. Es wird von Facebook »Identitäts-Cookie« genannt und hilft unter anderem dabei, wenn wir uns bequem mit unserem Facebook-Account bei anderen Webseiten anmelden wollen. Interessante Information nebenbei: Im Winter 2015 wurde Facebook in Belgien verurteilt, weil es nicht nur die Informationen von Facebook-Usern in seinem Cookie speicherte, sondern auch die von Webnutzern, die gar keinen Facebook-Account hatten, sondern nur auf Seiten surften, die einen Facebook-Like-Button eingebaut hatten. Für die belgischen Gesetzgeber ein klarer Verstoß gegen die Datenschutzrichtlinien. Facebook hingegen steht auf dem Standpunkt, dass dieses Cookie helfen würde, falsche Profile zu entlarven und damit Cyberattacken zu verhindern. Meldet sich von demselben Computer und Browser ein Nutzer hintereinander mit Dutzenden Profilen an, so werden diese Nutzer von Facebook einem Routinecheck unterzogen. Ohne das Identitäts-Cookie würde Facebook über solche Formen des Missbrauchs gar nicht erfahren.

So viel ist sicher: Wer nicht als analoger Einsiedler im Wald leben möchte, hinterlässt eine Datenspur im Netz. Diese Daten können – legal oder illegal – ausgewertet werden. Niemand kann sich hundertprozentig davor schützen, Teil dieses weltweiten Data-Mining-Experiments zu sein. Sie können jedoch bewusster damit umgehen und hinterfragen: Benötigen Sie wirklich jede Kundenkarte, die Ihnen angeboten wird? Möchten Sie aus Bequemlichkeit nur ein Handy oder einen E-Mail-Account haben? Oder ist es für Sie vielleicht von Vorteil, Ihre private und berufliche Nutzung zu trennen? Gibt es Dinge, die Sie gern bar bezahlen möchten, um nicht zu viel an digitalen Spuren zu hinterlassen? Wollen Sie mehrere Konten bei verschiedenen Banken nutzen, damit nicht eine Bank alles über Ihre Konsumgewohnheiten weiß?

Das Ende des digitalen Privateigentums

Wenn wir uns ein Buch aus Papier, eine CD oder DVD kaufen, erwerben wir mit diesem Kauf nicht nur ein Nutzungsrecht, wir können das physisch erworbene Produkt auch vererben, verschenken oder sogar weiterverkaufen. Digital gesehen ist diese Sache um einiges komplizierter! Viele Anbieter versuchen, uns digital nur mehr ein persönliches Nutzungsrecht zu verkaufen: Streamingdienste und E-Shops gewähren uns entweder so lange Zugang, wie wir monatlich brav zahlen, zum Beispiel können wir unbegrenzt etwa viele Netflix-Filme oder -Fernsehfolgen sehen, aber nur, solange wir monatlich für das Abo zahlen. Beenden wir das Abo, haben wir auf einen Schlag keinen Zugang zu Netflix mehr. Oder aber diese digitalen Medien sind nur auf unseren Namen angemeldet und können auf einem Computer, auf dem wir nicht als User eingeloggt sind, nicht verwendet werden. Beispiel dafür ist der Streamingdienst Spotify, auf dem Sie zwar fast jeden auf der Welt erschienenen Popsong hören können, aber eben nur bis zu dem Tag, an dem Sie aufhören, monatlich zu bezahlen. Oder die Bücher auf Ihrem Kindle, die nach Ihrem Tod von Ihren Erben nicht in Ihre digitale Bibliothek übernommen werden können. Obwohl sie zumeist genauso viel gekostet haben wie Taschenbücher.

Einen Gegentrend gibt es im Moment nur bei Musikstücken: Vor ein paar Jahren gab es ausschließlich Angebote, bei denen die gekauften Musikstücke durch Digital Rights Management (DRM) geschützt waren, also nur von einem Computer abgespielt werden konnten, der für die Wiedergabe zuerst autorisiert wurde. Inzwischen können wir bei allen großen Anbietern DRM-freie Musikstücke kaufen, die wir wie physische Objekte nutzen und auch weitergeben können. DRM-geschützte Musik läuft nicht auf allen Computern, sondern nur auf einem von uns autorisierten. Die Anzahl der Geräte, die wir autorisieren können, ist begrenzt. DRM-freie Musik läuft auf jedem Rechner, jedem Mobilgerät und kann beliebig auf CDs oder USB-Sticks überspielt werden.

Geschützte Musikstücke sind zwar physisch auf Ihrer Festplatte, aber bevor Sie diese abspielen können, muss Ihr Computer für ihre Nutzung autorisiert werden. Das funktioniert, indem Ihr Rechner beim Lizenzgeber »anruft« und von dort ein »Okay« bekommt. Ist Ihr Computer defekt, Sie kaufen einen neuen und kopieren Ihre Musikstücke aus Ihrem Back-up auf den neuen Rechner, so sind diese zwar physisch auf der Festplatte vorhanden, aber Sie können diese nicht mehr abspielen. Zuerst müssen Sie wieder mit Ihrem Lizenzgeber Kontakt aufnehmen und das neue Gerät autorisieren lassen. Nicht geschützte Musikstücke können hingegen auf einen neuen Rechner kopiert und abgespielt werden.

Bei Büchern und Filmen schaut die Sache wiederum anders aus: Viele digitale Bücher werden nicht verkauft, sondern eigentlich nur mehr auf Lebenszeit verliehen. Ihre Nutzung ist an einen Account, zum Beispiel bei Amazon, geknüpft und kann nicht auf einen anderen Account übertragen werden. Kaufen Sie die neueste Season einer Fernsehserie auf iTunes, können Sie diese auf Ihrem Rechner herunterladen und so oft Sie wollen ansehen. Sollte iTunes aber einmal seinen Dienst einstellen – und welche Firma währt schon ewig –, ist niemand mehr vorhanden, um Ihrem Computer zu bestätigen, dass er diese mit DRM geschützten Filme abspielen darf. »Game over« also! So wie bei iTunes beinhalten viele Verkaufsverträge für Medien nicht mehr den Erwerb derselben, sondern nur mehr das »Nutzungsrecht«. Dessen dürfen und sollten wir uns bewusst sein, um selbstbestimmt

Entscheidungen zu treffen, welche Art von Diensten wir nutzen wollen.

Wir dürfen also ein digitales Buch nur so lange benutzen, solange wir leben. Hart ausgedrückt: Wenn wir sterben, erlischt dieses Nutzungsrecht. Manchmal sogar schon früher: Wenn wir zum Beispiel einen Account bei einem der Services deaktivieren, erlischt Ihr Nutzungsrecht ebenfalls. Ein einfaches Beispiel: Sie kaufen Hunderte Bücher für Ihren Kindle und bekommen ein paar Jahre später Zweifel an den Geschäfts- und Steuerpraktiken von Amazon. Sie beschließen, fortan nichts mehr bei Amazon zu kaufen und Ihren Account zu deaktivieren. Solange Sie Ihr Kindle-Gerät haben, können Sie Ihre gekauften Bücher weiterhin auf diesem Gerät lesen. Wird dieser Kindle irgendwann kaputt, sind auch alle Ihre Bücher weg – ohne Account können Sie diese nicht auf ein neues Gerät laden. Und weil Kindle-Bücher für die ausschließliche Verwendung mit Kindle-Geräten oder Apps mit DRM-geschützten Inhalten vorbehalten sind, können Sie diese auf keinem anderen E-Reader lesen. Game over, again!

Auch hier ist unsere Bequemlichkeit wieder einmal unser Feind: Wenn wir digitale Bücher zum Beispiel direkt vom Autor kaufen oder über Verlage, die digitale Bücher DRM-frei anbieten, dann müssten wir diese händisch downloaden und ebenfalls händisch auf das Lesegerät unserer Wahl kopieren. Dies ist jedoch mühsam und verlangt eine Verwaltung dieser Dateien außerhalb dieses Lesegeräts. Also fällt doch beispielweise oftmals wieder die Entscheidung auf ein E-Book von Amazon, das wir zwar nur verliehen bekommen, aber bequem über Whispersync aus der Wolke auf unsere Kindle-Lesegeräte laden können. Klar dürfen wir weiterhin wie in diesem Fall bequem einkaufen: Wir dürfen jedoch nicht die »böse Industrie« beschuldigen, wenn sie dies nutzt und unsere Rechte als Konsumenten empfindlich einschränkt.

Streamingdienste wie Spotify (Musik) und Netflix (Film und TV) verkaufen uns sogar gar keine Produkte mehr, sondern nur mehr das Nutzungsrecht für ihren gesamten Katalog. Sie erlauben uns, Musik zu hören sowie Filme und TV-Serien anzusehen, solange wir monatlich dafür Geld zahlen. Die Kalkulation dieser Industriezweige: Möchten wir ein spezielles Werk selbst langfristig besitzen, müssen wir noch einmal extra dafür bezahlen, um eine DVD zu kaufen oder DRM-freie Musik herunterzuladen.

Was wäre die Alternative? Nur noch Taschenbücher zu lesen? Vinylschallplatten kaufen? Natürlich wollen – und müssen – wir alle mit der Zeit gehen. Bequeme Services verleiten zu bequemen Handlungen, und wer in den letzten Jahren »Game of Thrones« mittels Streamingdiensten zeitgleich mit den Zusehern in Amerika sah, weiß, wie bequem solche Dienste im Gegensatz zu langen Wartezeiten oder dem Anstellen an der Kinokasse sein können. Trotzdem: Jahre später aufzuwachen und festzustellen, dass die gesamte Musik- oder Filmsammlung nicht mehr vorhanden ist, weil der Anbieter leider in Konkurs gegangen ist, können wir selbst verhindern. Es ist deshalb wichtig, dass wir uns informieren, welche Rechte wir haben, wenn wir heutzutage online einkaufen.

DIGITAL TRISTESSE – Lena

Aber nicht in jedem Fall sind Streamingdienste zum Nachteil der Konsumenten. Nehmen wir den Fall eines Sachbuchs oder eines seichten Romans. Beide Werke sind – je nach Branche beim Fachbuch und der Lesegewohnheit des Lesers beim Roman – nach spätestens ein paar Jahren oder schon nach dem ersten Lesen obsolet. Gerade in meinem Fachbereich – Internet und Social Media – müsste ich jedes Jahr Dutzende Fachbücher wegwerfen, weil sich das darin enthaltene

Wissen aufgrund der rasanten Entwicklungen überholt hat. Auch dieses Buch, das Sie in Papierform oder als E-Book in Händen halten, wird in wenigen Jahren nicht in jedem technischen Detail mehr korrekt sein, weil sich Technologien und Anwendungen rasch ändern.

DIGITAL HAPPINESS – Lena

Um diesem Problem zu entgehen, verwende ich für Fachbücher einen Abodienst: Dadurch muss ich keine Fachbücher mehr kaufen, sondern bekomme im Monat für den Gegenwert eines Fachbuchs Zugang zu Zigtausenden von Büchern aus den Bereichen Internet, Technik und Management – und kann diese sogar im Volltextmodus durchsuchen. Meine eigene Disziplin erfordert es von mir, die Verfügbarkeit eines neuen Fachbuchs, das mich auf Amazon anlächelt, zuerst in diesem Abodienst zu recherchieren. Und erst dann zu kaufen, wenn ich feststelle, dass der Verlag, der es herausgegeben hat, im Angebot meines Abodienstes nicht enthalten ist. Durch diese Vorgehensweise erspare ich mir inzwischen den Ankauf von neun von zehn Fachbüchern!

Wichtig ist in jedem Fall, zu wissen, was man gekauft hat. Wenn Sie davon ausgehen, dass Sie ein Buch, einen Film oder ein Musikstück lange haben möchten, sollten Sie sich nach möglichst DRM-freien Möglichkeiten umsehen. Wissen Sie hingegen, dass Sie einen Unterhaltungsroman oder einen Film nur einmal lesen oder sehen wollen, können Sie ein reines Verleihmodell nutzen. Verleihfilme in den Digital Stores der großen Anbieter kosten meistens nur ein Drittel des Verkaufspreises der DRM-geschützten Filme.

Trolle und Sockenpuppen

Wenn wir im Internet nicht nur auf Webseiten lesen, sondern selbst kommunizieren oder die Kommunikationen anderer lesen, machen wir unweigerlich die Bekanntschaft von Menschen, die nicht ehrlich kommunizieren. Zeitungsforen, Facebook und Twitter sind zwar voll von Usern, die es gut mit uns meinen. Aber es gibt auch andere, die böse Absichten haben. Und wir reden nicht von Betrügern oder Hackern. Die gibt es im »echten« Leben genauso. Ein bekanntes Beispiel dafür ist der Nichten- oder Neffentrick. Ein zumeist alleinstehender Mensch älteren Semesters wird von jemandem angerufen, der sich als entfernter Verwandter ausgibt und möglichst bald vorbeikommen möchte, weil er sich dringend Geld leihen möchte. Für Menschen, deren Familie zu klein ist, um die Übersicht darüber verlieren zu können, ist es unvorstellbar, dass dieser Trick funktioniert. Aber alljährlich berichten die Medien über solche Vorfälle.

Grundsätzlich haben wir aber »in real life« (IRL = »im wirklichen Leben«, eine Abkürzung aus der Chat-Sprache) mehr Möglichkeiten, abzuschätzen, wie es unser Gegenüber tatsächlich mit uns meint, wenn er oder sie etwas sagt. Zynismus, Sarkasmus, aber auch Humor setzen wir erfolgreich ein, wenn wir miteinander reden. Mimik, Gestik, Stimmlage, Lächeln und Augenkontakt helfen uns beim korrekten Zuordnen von inhaltlicher Aussage und kommunikativer Haltung. Immer gelingt uns dies natürlich nicht, ansonsten würde der Neffentrick nicht zum wiederholten Male funktionieren. Der gute Effekt daran: Wir würden andernfalls nicht mehr in Theaterstücke oder Filme gehen wollen, weil uns alle Schauspieler unecht und verlogen vorkommen würden.

Online aber fallen viele dieser kommunikativen Einordnungsmerkmale weg. Besonders, wenn wir jemanden nicht persönlich kennen, können wir seine oder ihre Aussagen nur auf Basis der Worte, die verwendet werden, einschätzen. Und dabei liegen wir erstaunlich oft daneben. Wir sind zumeist nicht so informiert über unser Gegenüber, sein Hintergrund bleibt uns verborgen. Seine Absichten können wir richtig oder falsch einschätzen. Die Formen an unehrlicher Kommunikation, der wir im Internet auf den Leim gehen, können vielfältig sein.

Es gibt Lügner und Hetzer: Sie erzählen einfach die Unwahrheit, aber das mit einer Überzeugung und einem Nachdruck, dass wir geneigt sind, zu glauben, was sie sagen. Gemeint sind damit nicht nur Neonazis oder pöbelnde Ausländerfeinde. Auch scheinbar seriöse Nachrichtenwebseiten können auf dem Klavier der Unehrlichkeit spielen, zumeist, um ihre Klickraten und damit ihre Anzeigenverkäufe zu maximieren. Ein Medium-Blogbeitrag des österreichischen Users »FPÖ Watch« mit dem Titel »Das ABC der unseriösen Quellen – eine Übersicht« listet zum Beispiel die wichtigsten deutschsprachigen Seiten dieser Art auf. Das Rezept dieser Webseiten ist simpel und immer gleich: Man nehme eine mittelinteressante Story, blase sie mit einer sensationsheischenden oder alarmierenden Schlagzeile zu einer Megastory auf und versehe den darunter abgebildeten Artikel mit Links zu angeblichen Quellen. Zumeist mit sehr langen wissenschaftlichen Artikeln oder Blogposts, die kaum jemand exakt nach den behaupteten Tatsachen durchforstet. Die Sensationsschlagzeile trifft zumeist einen Nerv beim Betrachter, vor allem, wenn sie negativ ist. Der Artikel wird geteilt, ob der behaupteten Tatsache kommentieren Mitbürgerinnen und Mitbürger empört darunter und teilen den Artikel weiter. Voilà: Ein neues Stück Unwahrheit beglückt das Internetpublikum.

Wie können wir uns dagegen schützen, für eine solche Marketingstrategie missbraucht zu werden? Das wichtigste Prinzip: Teilen Sie nur Artikel von Quellen, denen Sie vertrauen. Wenn Sie eine Ihnen neue Webseite mit einer sensationellen oder schockierenden Information lesen, dann halten Sie bitte vor dem Posten oder Teilen inne und überlegen Sie: Sind die Beweise für die Behauptung der Schlagzeile im Artikel glaubwürdig? Gibt es Quellen? Schauen Sie sich zumindest eine Quelle an und prüfen Sie, ob sich eine behauptete Tatsache dort findet. Wenn nicht, teilen Sie für Ihre eigene Glaubwürdigkeit diesen Artikel lieber nicht bzw. recherchieren Sie zuvor, was andere Medien dazu meinen.

Vorsicht auch vor Behauptungen wie etwa: »Die Medien wollen diese Information unterdrücken« oder »In der Presse wird dieser Umstand verschwiegen«. Jene, die so etwas behaupten, sind zumeist selbst Medien und versuchen, Sie durch dieses »Verknappungsargument« zu manipulieren. Unser Kopf sagt uns unter Umständen: »Okay, wenn diese Information unterdrückt wird, an die Öffentlichkeit zu gelangen, muss ich es teilen.« Ja, auch so kann Manipulation funktionieren.

Wie im echten Leben gibt es ebenso im Netz schwer einschätzbare, eigenartige Wesen: die Internet-Trolle. Der Begriff des Trolls hat ursprünglich gar nichts mit den hässlichen Fabelwesen zu tun. »Trolling« bezeichnet im Englischen das Fischen mit einem Schleppnetz. Trolle wollen einen also irgendwohin abschleppen, und zwar in ihre eigene Welt. Anders gesagt: Trolle wollen uns eine emotionale Reaktion entlocken, und zwar keine positive. Warum? Weil sich Trolle freuen, wenn wir uns ärgern! Trolle kommunizieren online meistens besonders provokant oder sie widersprechen zum Beispiel aggressiv und untergriffig.

Was können Sie also tun, um Trollen nicht auf den Leim zu gehen? Die oberste Regel lautet: »Do not feed the trolls«, also »Trolle bitte nicht füttern«. Lassen Sie Trolle links liegen. Steigen Sie nicht darauf ein, wenn Sie jemand offensichtlich persönlich beleidigt. Natürlich können Sie auch mal zurückschreiben, wenn Sie sich von jemandem beleidigt oder angegriffen fühlen. Es ist nicht an jeder misslungenen Online-Kommunikation ein Troll schuld. Aber wenn Sie merken, dass die Argumente des Gegenübers sich nur darum drehen, Sie zu beleidigen, dann steigen Sie aus. Handy ausschalten, Computer abdrehen oder einfach nicht mehr reagieren. Auf Facebook können Sie die Benachrichtigungen für eine Diskussion abbestellen oder eine Person sogar blockieren.

DIGITAL TRISTESSE – Lena

Manchmal können einen andere Social-Network-User schon nerven. So wie im wirklichen Leben sind mir auch online nicht alle Menschen gleich grün. Was sie sagen, ärgert und verletzt mich, und zwar egal, ob sie es absichtlich machen oder nicht: Sie nerven!

DIGITAL HAPPINESS – Lena

Auf vielen Social Networks, so auch auf Facebook und Twitter, kann man andere Nutzer blockieren. Ich mache das zwar nicht oft und nicht gerne, aber manchmal dient es einfach der eigenen Psychohygiene und dem Gefühl der persönlichen Kontrolle. Ab und an melde ich Profile bei Facebook, zum Beispiel wenn sie vorgeben, jemand zu sein, der sie nicht sind, mit der Absicht, andere zu betrügen. Blockiere ich eine Person, kann diese mein Profil in Zukunft nicht mehr sehen und dadurch auch nicht mehr kommentieren. Social Networks, die solche Funktionen zur Verfügung stellen, erlauben es mir, viel besser zu gestalten, mit wem ich kommunizieren will und mit wem nicht. Anders als zum Beispiel viele Online-Foren, in denen ich nichts ausblenden kann, möge es noch so unsinnig oder beleidigend sein.

Wenn Sie zu den fortgeschrittenen Online-Kommunikatoren gehören, können Sie auch anderen helfen, besser mit Trollen umzugehen. Sie können zum Beispiel Menschen, die den Fehler begehen, einen Troll zu füttern, die sich also kämpferisch und sichtlich emotionalisiert mit seinen oder ihren Beleidigungen auseinandersetzen, aufklären, dass diese sich gerade an einem kommunikativen Internetphänomen aufreiben, und dass es für alle Beteiligten gesünder ist, dies zu lassen.

Welche Phänomene hat die Online-Welt noch für uns parat? Vielleicht gar welche, die unsere eigene Person betreffen? Kann uns die Haltung eines Trolls etwa gar selbst heimsuchen? Tatsächlich kann es uns passieren, auch mal zu trollen, und das nicht einmal absichtlich. Die österreichische Schriftstellerin Julya Rabinowich hat in einem Artikel über einen Selbstversuch mit dem Pseudonym »Jura Säufer« ihr eigenes Abgleiten in die Verhaltensweisen eines Forentrolls beschrieben. Was als Experiment begann, wurde rasch Ernst, und Julya schaute sich quasi selbst dabei über die Schulter, wie sie begann, in ihre Rolle hineinzuwachsen und andere Forumsbenutzer zu beschimpfen und zu provozieren. »Jura Säufer« wurde so unangenehm, dass seine Beiträge von den Moderatoren gelöscht und sogar eine Zeit lang blockiert wurden. Fazit: Troll ist keine Personenbeschreibung, sondern ein Zustand, und zwar einer, in den wir selbst geraten können. Auch wenn der Schluss, den Rabinowich selbst aus ihrem Verhalten gezogen hat, nämlich die Abschaffung der Anonymität, keiner ist, den wir unterstützen würden: Die Auseinandersetzung mit den eigenen manipulativen Persönlichkeitsanteilen kann uns online bestens gelingen. Damit schließt sich der Kreis mit den anfangs erwähnten fehlenden Kommunikationsmarkern: Im Internet sind nicht nur die anderen manchmal wie ausgewechselt – uns selbst kann dies ebenfalls passieren!

Bevor Sie allzu sehr an der Welt der Online-Kommunikation verzweifeln, rufen Sie sich einfach die Ein-Prozent-Regel ins Gedächtnis: Was Sie online an Kommunikation sehen, ist nicht repräsentativ für die Gesamtbevölkerung unserer Erde! Die meisten Internetbenutzer (so wie Sie vermutlich auch) benutzen das Internet rein passiv, um etwa Informationen zu sammeln. Nur ein bis zehn Prozent aller Nutzer betätigen sich aktiv in Communities, Foren oder Social Networks.

Eine weitere Spezies der Unwahrheitenschreiber im Internet sind die sogenannten Sockenpuppen: Bezahlte Schreiberlinge, die gegen Geld besonders gut oder besonders schlecht über etwas schreiben. Honoriert werden diese zum Beispiel von der Konkurrenz, dann schreiben sie schlechte Bewertungen über ein Restaurant oder Hotel, loben ein spezielles Produkt über den grünen Klee und berichten besonders negativ oder besonders euphorisch über öffentliche Personen wie Politiker oder Wirtschaftstreibende. Der beste Umgang mit Sockenpuppen: Betrachten Sie Geschriebenes immer kritisch. Suchen Sie mehr als eine Quelle, wenn es zum Beispiel um die Beurteilung eines Hotels geht. Die meisten Bewertungssysteme arbeiten hart daran, geschummelte Bewertungen auszusieben, aber vollständig verhindern können sie diese natürlich nicht.

Wir dürfen uns selbstbestimmt einen Überblick über Informationen und Kritiken verschaffen!

Bin ich an meinem Computer in Gefahr?

DIGITAL TRISTESSE – Lena
Anfang der 1990er-Jahre hatte ich mir meinen ersten Computervirus eingefangen. Er wurde über eine Diskette eingeschleust und versteckte sich in einem Word-Dokument. Es war ein vergleichsweise harmloses Stück Software: ein sogenannter Makro-Virus, der bewirkte, dass ich das Word-Dokument, das den Virus beherbergte, nicht mehr ausdrucken konnte. Doch, etwas lästiger: Neue Word-Dokumente konnten auch nicht mehr von mir ausgedruckt werden. Was half, war, die Formatvorlage für neue Dokumente zu löschen und aus einem Back-up heraus neu anzulegen.

DIGITAL HAPPINESS – Lena
Seit diesem – glimpflich ausgegangenen – Ereignis hatte ich an meinen eigenen Rechnern zwar nie wieder einen Virus, trotzdem aber oft genug Bekanntschaft mit ebensolchen geschlossen; und zwar an den Rechnern von Bekannten und Kunden, die ich betreue. Diese sind meistens weniger vorsichtig als ich und klicken sich unbefangen durchs Netz. Ist der Virus einmal auf dem eigenen Rechner, ist es leider schwer nachzuvollziehen, wie er da hinkam. Eliminieren ist dann erst mal wichtiger, als nach den Ursachen zu forschen.

Was macht es aus, dass manche jedes Jahr einen schädigenden Code am Computer haben und andere nie? Das Internet allein kann es nicht sein. Lenas Viruserfahrung war noch in einer Prä-Internetphase. Aber natürlich sind Computer in der modernen, vernetzten Welt potenziell mehr Gefahren ausgesetzt als Anfang der 1990er-Jahre. Dennoch, trotzdem gilt auch hier: Der Umgang mit der Gefahr ist der ausschlaggebende Unterschied, nicht die Gefahr an sich.

Als die ersten Computerviren aufkamen, waren die meisten Computer noch nicht vernetzt. Statt sich über ein Computernetzwerk zu verbreiten, waren diese Programme darauf angewiesen, sich lokal selbst zu vervielfältigen – so wie Viren in unserem Körper. Sie kopierten sich also selbst in neue Dokumente, Programme und auf Datenträger wie Disketten und wurden so (unabsichtlich) weitergereicht. Heutzutage funktioniert diese ursprüngliche Verbreitungsform meistens über E-Mails: Ein Virus kapert das Adressverzeichnis eines Benutzers und kopiert sich selbst in E-Mails, die er in dessen Namen versendet.

Moderne Viren nutzen die unterschiedlichsten Verbreitungsformen: Sie reisen in E-Mail-Anhängen, warten auf Webseiten darauf, dass sie angeklickt werden, oder scannen Computernetzwerke nach neuen identifizierbaren Rechnern ab. Einmal angekommen, reproduzieren sie sich notwendigerweise nicht gleich. Oft spionieren sie nur den Computer aus. Sogenannte »Trojaner« versuchen, den Computernutzer mit einer fingierten Bedrohung so zu beunruhigen, dass er freiwillig seine Kreditkarte zückt. Die Manipulation zielt darauf ab, dass er ein »Gegenmittel« einkauft, eine sogenannte »Scareware«. Oder der Virus nervt mit Werbung, sodass scheinbar nur eine »Adware« Abhilfe schaffen kann.

Schädliche Codes am Computer gibt es in den unterschiedlichsten Geschmacksrichtungen. Beginnen wir einmal mit den ganz Bösen: Sie heißen »Lösegeld-Trojaner« oder auch Ransomware. Sie verhalten sich fast genauso wie Wegelagerer und Straßenräuber in alten Geschichten: Peter, ein Bekannter von Lena, doppelklickte in einer vermeintlichen Nachricht seiner Hausbank auf einen Anhang, der als

»Mahnung.exe« gekennzeichnet war. Danach passierte erst einmal nichts, außer, dass ein paar Fenster aufgingen, bei denen Peter brav auf »Weiter« und »OK« klickte. Die vermeintliche »Mahnung« öffnete sich jedoch nicht. Peter ärgerte sich und beschloss, am nächsten Morgen bei der Bank anzurufen. Am nächsten Tag setzte Peter sich wieder an seinen Computer, aber nichts ging mehr. Das Programm, das er am Vorabend so gutgläubig installiert hatte (mit dem Dateiformat ».exe«), hatte die Zeit genutzt, um alle Texte, Bilder und Videos auf seiner Festplatte zu verschlüsseln. Nun wurde er (mehr oder weniger) höflich darum gebeten, 250 Dollar zu zahlen, um den Schlüssel zum Aufsperren der Verschlüsselung zu bekommen.

Peter war verzweifelt und rief Lena an, die ihm schnell weiterhalf. Er hatte Glück im Unglück: Ein aktuelles Back-up seiner Daten, das noch nicht vom Trojaner verschlüsselt worden war, existierte. Daraus konnten seine Daten wieder hergestellt werden, und er musste deshalb nicht zahlen. Grundsätzlich raten Spezialisten und Polizei ohnehin davon ab, Cyberkriminellen Geld zu überweisen. Aber, wer wird nicht leicht schwach, wenn alle Fotos der eigenen Kinder der letzten Jahre weg sind? Auch, wenn natürlich nach der Zahlung nicht garantiert ist, dass die Kriminellen die Infos zur Entschlüsselung wirklich herausrücken. Noch schlimmer: Vielleicht machen sie sich nach ein paar Tagen erneut am infizierten Computer zu schaffen.

Doch, wie kommt es zu solchen digitalen Übergriffen? Wie können wir uns davor schützen? Peter hatte vor diesem Vorfall sein Virenschutzprogramm wegen einer Inkompatibilität mit einer Spielinstallation ausgeschaltet. Das war sein großes Pech! Haben Sie beides, also ein Virenschutzprogramm und ein aktuelles Back-up, sind Sie natürlich sehr viel sicherer online unterwegs, als jemand, der nur eines davon oder gar nichts von beidem hat. Zusätzlich haben die meisten Computer eine sogenannte Firewall aktiviert. Diese

Firewall-Software verhindert zum Beispiel, dass Trojaner Ihren Computer von außen scannen können oder, sollte sich ein Trojaner bereits auf Ihrem Computer befinden, dass dieser mit seinen kriminellen Erschaffern über das Internet Kontakt aufnehmen kann.

Zusätzlich hätte Peter aber auch noch Folgendes beherzigen können, das auch Ihnen einiges ersparen kann: E-Mail-Anhänge von E-Mails, die Ihnen seltsam vorkommen, oder von E-Mails, die Sie nicht erwarten (»Überraschung! Ich bin deine Bank und ich schicke dir eine Mahnung als Programm!«), nicht öffnen! Surfen Sie im Web und bearbeiten Sie Ihre E-Mails nur, wenn der Virenscanner aktiv ist. Klicken Sie niemals bei Fenstern, die am Computer aufgehen, ohne genau zu lesen auf »Weiter« und »OK«, sondern überlegen Sie bedacht, was passieren könnte. In unserem Beispiel: Eine Mahnung installiert nämlich üblicherweise kein (schädliches!) Programm auf Ihrem Rechner!

Achtung: Sehr beliebt bei Cyberkriminellen ist es, unsere Lust auf Videos auszunutzen. Es gibt z.B. Trojaner, die sich in »Playerinstallationen« auf Streaming Sites verstecken. Bedenken Sie deshalb: Ihr Computer hat normalerweise alle Programme installiert, die Sie zum Ansehen von Videos brauchen. Sollten Sie dennoch eine Warnung bekommen, dass Sie eine Videosoftware wie Flash, Windows Media Player oder Quicktime aktualisieren oder neu installieren sollen, dann schließen Sie die Webseite, die Sie dazu aufgefordert hat. Wechseln Sie auf die Webseite des jeweiligen Plug-in-Anbieters (Adobe, Microsoft oder Apple) und laden Sie sich dort die neueste Version herunter. War die Warnung des Streamingdienstes berechtigt, sollte diese nach einem Browserrestart und beim neuerlichen Aufsuchen des Streamingdienstes verschwunden sein. Erscheint sie immer noch, suchen Sie sich besser einen anderen Streamingdienst.

Sollte Ihr Computer trotz aller Vorsichtsmaßnahmen, die Sie getroffen haben, gröber infiziert sein, hilft in vielen Fällen nur mehr der Gang zu einer Expertin oder einem Experten: Bitte Back-up mitnehmen nicht vergessen!

Die im Folgenden erwähnten Kategorien sind die am häufigsten vorkommenden schädlichen Computerprogramme:

- *Adware* – ist lästig und versucht, uns etwas zu verkaufen, z.B. indem im Browser immer neue Fenster mit Werbung für Streamingdienste oder Pornowebseiten aufgehen oder indem Suchanfragen nicht mehr über Google, sondern über ein anderes Suchservice mit aufdringlichen Werbeeinschaltungen laufen. Adware ist meistens recht einfach zu entfernen. Das können viele User selbst oder haben Bekannte, die fachkundig sind und sich etwas besser mit Computern auskennen.
- *Viren* – führen Computercodes aus, die lästig bis schädlich sein können. Sehr oft verbreiten sie sich z.B. über E-Mail-Anhänge oder bei der Verwendung von USB-Sticks auf andere Computer. Oder sie befallen verschiedene Programme. Ein Virensuchprogramm findet die meisten – leider aber nicht alle – Viren und kann sie oftmals automatisch beseitigen. Grundsätzlich sollte man eine Datei mit der Endung ».exe« nie anklicken und im Office-Paket das sogenannte automatische Ausführen von Makros deaktiviert haben. Die meisten im Umlauf befindlichen Viren werden aber von aktuellen Virenschutzprogrammen abgefangen, nur ganz neue Viren können natürlich nicht erkannt werden.
- *Trojaner* – spionieren die Daten auf unserer Festplatte aus und eventuell sogar, was wir gerade tippen. Sie versenden diese Infos an ihre Ersteller. Die bösesten Trojaner verändern unsere Daten, löschen, überschreiben oder verschlüsseln sie, sodass wir selbst nicht mehr auf sie zugreifen können. Wenn Ihr Virensuchprogramm einen Trojaner meldet und entfernt, sollten

Sie sicherheitshalber trotzdem einen Spezialisten aufsuchen. Manche dieser Programme kopieren sich zum Beispiel in den Teil des Computers, der zum Hochstarten verwendet wird, und können so immer wieder infizieren.

- *Würmer* – sind die Viren des Social-Media-Zeitalters. Sie verbreiten sich wie Kettenbriefe, meistens, indem sie unsere Kontakte ausspionieren und unser E-Mail-Programm oder auch unsere Social-Media-Accounts zum Weiterversand verwenden. Wir selbst bekommen davon wenig mit, außer, ein verwirrter Empfänger schreibt uns zurück.
- *Scareware* – soll, wie der Name bereits sagt, Angst machen, indem es uns z.B. vorgaukelt, unser Computer sei kaputt oder von Viren befallen (was er ja eigentlich auch ist). In der einen Minute schreiben wir noch an unserem Dokument oder surfen im Web, in der nächsten scheint der Computer plötzlich defekt zu sein und zeigt einen Blue Screen, wie nach einem schwerwiegenden Absturz. Wer genau hinsieht, entdeckt aber, dass der angebliche Blue Screen eine Attrappe ist, die uns Angst machen soll. Starten wir den Computer neu, dann empfiehlt uns die Scareware gleich nach dem Neustart einen »Virenschutz« herunterzuladen, mit dem wir den angeblichen Virus beseitigen könnten. Scareware will uns also dazu überreden, Geld für einen »Virenschutz« auszugeben, der keiner ist.

Anfang 2016 trieb ein besonders gemeiner Trojaner sein Unwesen. »Locky«, eine sogenannte Ransomware, befiel allein in Deutschland an manchen Tagen Tausende Computer pro Stunde. Der Trojaner wurde als angebliche Rechnung in einem E-Mail-Attachment verbreitet. Öffnete man das angehängte Word-Dokument und hatte das automatische Ausführen von Office-Makros aktiviert, so startete der Trojaner und begann damit, alle Daten auf der eigenen Festplatte zu verschlüsseln. Alle Bilder, Videos, Texte und Ähnliches wurden dadurch unbrauchbar und konnten nicht mehr geöffnet werden. Erst gegen die Zahlung von Bitcoins, zumeist mehrere Hundert Euro wert, bekam man einen Entschlüsselungscode zugesendet, mit dem die Verschlüsselung rückgängig gemacht werden konnte. Wer ein gutes aktuelles Back-up hatte, der konnte seinen Computer nach dem Befall schnell neu aufsetzen. Wer nicht für eine Sicherung gesorgt hatte, musste zahlen oder seinen Daten Adieu sagen. Ein »Gegenmittel« für die Verschlüsselung gab es nicht.

Würde es eigentlich helfen, wenn unser Computer nicht mehr mit dem Internet verbunden wäre? An einem vernetzten Computer ist es natürlich einfacher und bequemer, über das Netz einzubrechen. Manche haben deshalb einen Computer zum Surfen im Internet und einen anderen für wichtige Daten. Leider bedeutet dies nicht einen hundertprozentigen Schutz am netzlosen Computer. Im Gegenteil, je sorgloser Sie sich auf dem Netzwerkcomputer verhalten, desto eher könnten Sie sich einen von diesem übertragenen Virus einfangen, wenn Sie transportable Datenspeicher wie USB-Sticks oder CF-Karten zwischen den beiden Computern teilen. Wir können leider auch nicht grundsätzlich verhindern, dass jemand in unser Haus einbricht, nur weil es tief im Wald und ohne Zufahrt ist. Besser ist es, eine Alarmanlage zu installieren – diese Funktion übernehmen Virenschutz- und Firewall-Programme.

Eines dürfen wir uns in Erinnerung rufen: Das Netz ist nicht immer schuld an der unsicheren Aufbewahrung von Daten. Mitte der 1990er-Jahre wurde Lena die Kreditkarte gesperrt, weil auf der anderen Seite des Atlantiks jemand in ein Büro eingebrochen war. Das Büro gehörte einer Firma, der Lena ihre Kreditkartendaten gefaxt hatte, und die ihr einen monatlichen Betrag in Rechnung stellte. Jemand war in das Büro eingebrochen und hatte den Computer mit der

Kundendatenbank geklaut, und auf diesem Computer waren Lenas Daten samt Kreditkarteninfos unverschlüsselt gespeichert. Da hätte es natürlich auch nichts genutzt, wäre dieser Computer nicht mit dem Internet verbunden.

Media Literacy: vom Computer-Analphabeten zum Medienprofi

Sie als Leserin oder Leser und wir als Autorinnen, wir alle beherrschen das Alphabet. Würden wir das nicht tun, könnten wir kein Buch schreiben und Sie könnten es nicht lesen.

Wie sieht es aber mit Menschen aus, die Computer benutzen, oder Menschen, die Medien konsumieren? Wissen diese Personen so viel über Computer oder Medien wie Sie und wir über das Lesen und Schreiben? Viele leider nicht! Weltweit versuchen viele Initiativen und Organisationen wie zum Beispiel »Safer Internet« in Österreich, »Digitale Chancen« in Deutschland, »Digitalliteracy.org.uk« in England oder in den USA »Digitalliteracy.gov«, dies zu ändern. Sie versuchen also, die Internet- und Medien-Alphabetisierung (engl. »Digital Literacy«) voranzutreiben. Ihr Ziel ist, Medienkonsumenten zu mündigen und informierten Bürgern zu machen, die kompetent und selbstbestimmt Online-Dienste nutzen und sich von Gefahren fernhalten können. Im Prinzip arbeiten sie also auch an unserer Digital Happiness, sie nennen es nur anders.

Die Methoden dieser Alphabetisierung sind vielfältig. Es gibt nationale Programmierwochen (»Code Weeks«) in den USA, Media-Literacy-Konferenzen in der Wissenschaft, Online-Weiterbildung in Digital Literacy für Lehrerinnen und Lehrer und noch vieles mehr. Auch über die Strategie sind sich die Anbieter nicht immer einig. Der Software-Entwickler Jeff Atwood schrieb 2012 ein Blogpost als Kritik an der Strategie, die besagte, dass Menschen, die programmieren können, die besseren Internetversteher wären. Atwood meinte sinngemäß, dass das weltweite Verständnis für Computer keinen nennenswerten Gewinn davon hat. Als Beispiel nannte er, dass es etwa keinen großen Sinn habe, wenn etwa der Bürgermeister von New York ein Programm schreiben könne, das »Hello, World!« auf einer Webseite anzeigen lässt. Er solle sich besser in seinem Job als Bürgermeister um Dinge kümmern, die zu ebendiesem Job gehören!

Verstehen wir einen Computer und das, was im Internet passiert, wirklich besser, wenn wir ein paar Zeilen Code schreiben können? Nun, zumindest bekommen wir eine Vorstellung von der Komplexität einer Software, wenn wir nach den ersten einfachen Befehlen auf komplexe Probleme stoßen, die wir mit »Programmieren für Anfängerinnen« nicht mehr lösen können. Aber, hilft das? Verstärkt das nicht wiederum das schon vor Beginn des Programmierkurses empfundene Gefühl des Ausgeliefertseins gegenüber der sich rasant verändernden Komplexität von Computernetzwerken und Computerprogrammen?

Schauen wir uns einmal an, was hinter dem Begriff »Digital Literacy« wirklich steckt. Unter Digital Literacy werden das Wissen und die Fertigkeiten verstanden, mit einer Reihe von digitalen Geräten (Desktop Computer, Laptops, Smartphones und Tablets) umgehen zu können. Ursprünglich handelte es sich bei dem Begriff Digital Literacy um den Umgang mit Computern ohne Netzwerkanschluss. Inzwischen verschiebt sich der Fokus aber immer mehr auf Geräte, die mit anderen im Netzwerk funktionieren.

So weit, so gut! Von Programmieren ist bei dieser Definition von Digital Literacy vorerst nichts zu lesen. Bei näherer Beschäftigung mit diesem Begriff bemerken wir aber, dass es nicht nur um Kenntnisse einer Textverarbeitung oder darum, wie Facebook auf dem Handy funktioniert, geht. Denn die praktischen Kenntnisse allein bezeichnen wir als »Digital

Skills« oder »digitale Fertigkeiten«. Wo also geht die Digital Literacy über diese reine Fertigkeit hinaus? Zum digitalen Alphabetismus gehört es per Definition auch, sich mit den grundsätzlichen Prinzipen, nach denen Computer funktionieren, auszukennen, also zum Beispiel, dass Computer auf dem Prinzip Eingabe (Input), Berechnung (Computing) und Ausgabe (Output) beruhen. Dass diese Berechnung mithilfe von Algorithmen funktioniert, also einer Abfolge von Befehlen, und dass Programme aus solchen Algorithmen bestehen. Weiters, dass man zur Eingabe eine Tastatur, die menschliche Sprache oder auch eine Fotokamera verwenden kann, und dass die Ausgabe über Bildschirme oder Drucker funktioniert. All das ist Wissen, über das laut Digital Literacy ein computerkundiger Mensch verfügen sollte.

Für die erfolgreiche Nutzung moderner Computernetzwerke gibt es noch eine zweite Wissensgruppe, die Media Literacy. Darunter verstehen Experten die Kompetenz, die es Menschen ermöglicht, Botschaften (messages) in einer Reihe von modernen Medienformaten zu analysieren und für glaubhaft oder nicht glaubhaft zu befinden und selbst solche Nachrichten zu erzeugen. Solche Medienformate sind Zeitschriftenartikel, Blogbeiträge, Fotos und Videos oder E-Mails, Facebook-Statusmeldungen und Kurznachrichten.

Was kann ich nun konkret tun, wenn ich meine eigene Media Literacy verbessern möchte? Neben den oben bereits erwähnten Initiativen und deren Informationsangeboten via World Wide Web sind auch sogenannte MOOCs eine sehr gute Möglichkeit, sein Wissen zu vergrößern. MOOC steht für Massive Open Online Course. MOOCs sind »open«, also gratis online verfügbare Lernangebote, zumeist auf universitärem Einsteigerniveau. Das »massive« im Namen steht für die Tatsache, dass sie oftmals in einem Rahmen angeboten werden, in dem Tausende Online-Studierende zugleich einen mehrwöchigen Kurs durchlaufen und sich damit zeitgleich in Online-Foren über Lerninhalte austauschen können. Erwähnenswert ist zum Beispiel der englischsprachige Kurs »Media LIT: Overcoming Information Overload« von edx.org, der Kurs »Mein digitales Ich« von oncampus.de oder auch der Kurs »Gesellschaftliche Aspekte der Informationstechnologie« des österreichischen Anbieters imoox.at.

DIGITAL TRISTESSE – Katrin

Mein Leben spielt sich teilweise online ab. Informationen für Klienten auf meiner Website bereitstellen, Terminvereinbarungen via E-Mail, Kurse zur Wissensvertiefung produzieren und vielen zur Verfügung stellen. Zu meiner Zeit in der Medienbranche habe ich Inhalte für große Medien erstellt. Heute generiere ich Content für meine eigenen Informationskanäle, über die andere diesen persönlich adressiert erhalten. Es gab Momente, da habe ich den Spaß daran verloren. Nicht am Inhalt, aber an all dem technischen Zeugs darum herum. Wie bereits geschrieben, dachte ich, ich müsste alles sofort können oder mir allein aneignen.

DIGITAL HAPPINESS – Katrin

Heute sehe ich alle technischen Kenntnisse als Lerninhalte. Es ist legitim und sogar clever, mir diese von versierten Informanten erklären zu lassen. Sei es in Online-Kursen rund um Programme, Apps & Co. oder bei der Auswahl, welche Tools für meine kreativen Ziele notwendig und am besten seien. Ich blicke heute weitaus entspannter auf meine Online-Präsenz. Einfach, weil ich nicht mehr davon ausgehe, alles sofort und selbst wissen und können zu müssen. Meine Scheu, Fragen rund um mein digitales Leben an Fachfrauen und -männer zu stellen, ist gewichen. Dafür ist meine Freude am Lernen gestiegen:

Wie auch im realen Leben bilde ich mich gern weiter. Aktuell nehme ich mir jede Woche etwas Zeit, um mir Technisches selbst näherzubringen oder mir etwas Neues erklären zu lassen. Das Praktische daran: Solche Digital Life Hacks sind schnell via Skype oder Ähnlichem von Fachkundigen erklärt und von mir selbst implementiert.

Media Literacy bezeichnet die Kompetenz, uns in verschiedenen Medien erfolgreich zu bewegen, in ihnen kompetent Medieninhalte zu konsumieren oder zu erstellen, die Inhalte anderer zu bewerten und auf Inhalte angemessen reagieren zu können.

DIGITAL TRISTESSE – Katrin

Sollte ich Twitter beitreten? Eigentlich hätte ich das doch als Autorin schon längst tun sollen, oder? Aber noch ein soziales Netzwerk, das es zu nutzen und bedienen gilt, bedeutet auch, wieder mehr Zeit online zu verbringen. Will ich das? Solche und ähnliche Fragen stellte ich mir immer wieder und schob meinen Beitritt Jahr um Jahr auf.

DIGITAL HAPPINESS – Katrin

Doch dann war ich in London in einem Studentenheim, inmitten vieler digital bestens vernetzter Jugendlicher, und war bereit für neue digitale Erfahrungen. Ich registrierte mich bei Twitter und orientierte mich auf der Plattform. Da sprang mir ein Tweet, der meinen Namen enthielt, ins Auge. Mein Verleger, der gerade auf der Frankfurter Buchmesse war, gratulierte mir. Wozu? Oh, wow! Mein erstes Buch »Die Kunst, allein zu reisen und bei sich selbst anzukommen« war soeben in Südkorea zum Bestseller geworden. Ich war überglücklich, als ich diese Neuigkeit las. Es hatte sich gelohnt, digitales Neuland zu betreten: So fühlt sich Digital Happiness an!

Doch, wie ist zumeist die Realität – online und digital: Viele schimpfen über die Datenkrake Facebook und den Einzelhandelskiller Amazon, aber füttern Google täglich mit Daten oder kaufen im Supermarkt mit einer Kundenkarte ein. Unser größter Feind sind wir selbst! Unsere eigene Bequemlichkeit! Wir nehmen uns selbst davon nicht aus.

Wieso ist das bloß so? Warum agieren wir nicht anders? Hilft es jedem Einzelnen, wenn er mehr Wissen über die Hintergründe hat? Wir sind überzeugt: Ja! Denn oft erscheint es uns nur zu schwierig, durchzublicken oder uns nach Alternativen umzusehen. Manchmal sind es ganz einfache Änderungen unseres Lebensstils, die es zumindest erschweren, dass unsere Daten gesammelt und verknüpft werden.

DIGITAL TRISTESSE – Katrin

Die Änderung ihres Lebensstils, ein neues Projekt oder ein beruflicher oder privater Neuanfang: Das alles sind Themen, mit denen Menschen sich für ein Coaching an mich wenden. Coachingtermine mit mir können auf meiner Website www.katrinzita.com vereinbart werden. Als von mir selbst mal im Zuge meiner Coachingausbildung verlangt wurde, sehr persönliche Details via E-Mail zu senden, habe ich dies damals abgelehnt. Ich hätte nicht gewusst, wer aller diese E-Mail liest, weiterleitet und abspeichert.

DIGITAL HAPPINESS – Katrin

Früher habe ich Baupläne gezeichnet, heute skizziere ich Lebenspläne für meine Klienten. Ich selbst fordere meine Klienten nicht auf, mir sensible Daten von sich via E-Mail zu senden. Dafür gibt es heutzutage gut ausgeklügelte und sicherere Varianten. Jedes persönlich in mich gesetzte Vertrauen ist mir wichtig, auch in digitalen Zeiten.

Was enttäuscht Sie persönlich im Netz? Worüber ärgern Sie sich zumeist? Über Werbung? Ist das Nervige an Online-Werbung die Werbung selbst oder unser Ärger über die Werbung, die wir sehen? Ist Bequemlichkeit nicht auch manchmal ein Segen? Ja und Nein. Im Spannungsfeld dieser Diskussion beschäftigen uns innerlich Themen wie

- Manipulation (»Bekomme ich von meiner Online-Tageszeitung nur mehr Schlagzeilen, die speziell für mich ausgesucht wurden?«),
- mehr Manipulation (»Verleitet mich personalisierte Werbung langfristig jährlich zu massiven Mehrausgaben, die ich lieber gespart hätte?«) und
- noch mehr Manipulation (»Habe ich das Gefühl, dass ich immer das Gleiche sehe, lese und kaufe, und dass mich gar nichts mehr im Internet total überrascht? So, als wäre das mein persönliches Internet und nicht mehr das weltweite, spannende, überraschende Wundernetz der frühen Jahre?«).

Eine Pauschalantwort darauf gibt es nicht. Der Trend geht zu immer mehr Anpassung. Twitter bietet neuerdings einen kuratierten Stream wie einst nur Facebook, Google liefert personalisierte und lokalisierte Suchergebnisse, Amazon zeigt, welche Bücher Menschen noch gekauft haben, die zuvor die gleichen Bücher wie man selbst gekauft hatten. Wir müssen selbst aufmerksam bleiben, um zu erkennen, wo und wie uns mit diesen Diensten geholfen wird – und wo sie unsere Sicht auf die Welt verengen und einschränken.

Bevor wir uns noch mal in die Fänge kulturpessimistischer Ängste und Paranoia begeben, die von allen Seiten geschürt werden und hinter jeder Werbeeinschaltung auf einer Website Big Brother oder die NSA vermuten, zahlt es sich aus, zuerst mit einer Nabelschau unseres Computerverhaltens zu beginnen. Verwenden wir ein Passwort, das aus einem gängigen lexikalen Wort und/oder unserem Geburtsjahr besteht (autsch!)? Oder haben wir das kostengünstige Sorglos-Paket der Internetzugänge – privat, beruflich, mobil – und auch das TV-Paket vom gleichen großen Provider? Hallo Vorratsdatenspeicherung (VDS)! Mehr dazu gleich.

Nehmen wir beispielsweise unseren Internetzugang genauer unter die Lupe: Viele Menschen wählen ein Gesamtpaket, das mobilen Internetzugang, Festnetz, Internet samt Fernsehen zu Hause und vielleicht sogar den Zugang für das Büro anbietet. Das ist bequem und billig. Aber wir geben damit unsere gesamten Verbindungsdaten in eine Hand. Es wäre jedoch viel besser, sich nach dem Motto »Teile und herrsche« für verschiedene Zugänge von unterschiedlichen Providern zu entscheiden. Denn jeder Provider für sich nimmt eventuell an der großen Datenkrake VDS teil. Aber das bedeutet nicht, dass verschiedene Provider diese Daten routinemäßig verknüpfen dürfen. Teilen wir unsere Daten zwischen verschiedenen Providern auf, sind wir zumindest ein Stück weit weniger transparent.

Sind Sie technisch noch nicht versiert genug oder auf die zumeist günstigeren Pakettarife angewiesen, so müssen Sie eine gewisse »Gläsernheit« in Kauf nehmen. Privatheit könnte in der Zukunft zu etwas werden, das sich nur mehr Vermögende und technisch Versierte leisten werden können. Für digitale Habenichtse erhöht sich damit die Gefahr, dass sie sich vor digitalen Verbrechern und einem übermäßigen Zugriff des Staats am wenigsten schützen können. Welche Konsequenzen dies haben wird, können wir alle noch nicht wissen. Aber Filme wie »Minority Report« und die dystopischen Szenarien der Cyberpunk-Bücher von William Gibson geben uns Hinweise, in welche Richtung es im schlimmsten Fall gehen könnte.

Wir denken, dass trotzdem kaum jemand von uns zu einem datenhassenden Digital-Eremiten werden will. Falls doch, auch gut! In der Geschichte gibt es viele Beispiele von Menschen, die dadurch aufgefallen sind, dass sie sich herrschenden Strömungen widersetzt haben: von religiösen Gruppen wie den Amish People in den USA, die sich absichtlich jedweder Technologie versagen, über die Maschinenstürmer der beginnenden industriellen Revolution, die es auf automatische Webstühle abgesehen hatten, bis zu den Apologeten des Internetzeitalters mit dem Statement »Das geht wieder weg« hat es immer Menschen gegeben, die Neuem – manchmal zu Recht und manchmal zu Unrecht – kritisch gegenübergestanden sind. Die Mehrheit der Menschen wird aber bis zu einem gewissen Grad bequem bleiben, da können auch die engagiertesten Cyberaktivisten nichts dagegen tun.

Wogegen wir aber etwas tun können, ist, uns leichtfertig und absichtlich in Gefahr zu begeben, und zwar aus Unwissenheit! Aus Bequemlichkeit oder auch aus Abwehr lernen wir oft erst lieber gar nichts über ein neues Service, das wir benutzen. Die Funktionsweise eines Telefons zu erlernen, war natürlich vergleichsweise einfach: abheben, wählen (oder anfangs einen Gesprächspartner in der Vermittlung um eine Verbindung bitten), telefonieren und danach auflegen. Trotzdem konnte man bereits vor Jahrzehnten ein Telefon überwachen, ebenso wie heute. Nur die Automatisierung der Überwachung war vor der Zeit von Computern nicht ganz so einfach möglich.

Facebook wissend zu nutzen, ist übrigens weitaus komplizierter als ein Telefon! Allein die Grundfunktionen für die Nutzung könnten eine zweitägige Schulung füllen, für die geschäftliche Nutzung wären nochmals drei Tage von Vorteil. Themen wie: Welche Sicherheitseinstellungen sollte ich unbedingt vornehmen? Was sind die Unterschiede zwischen Profil, Seite und Gruppe? Wie lege ich einen Freundes- oder eine Interessen-Liste an, und wie helfen mir diese Listen, wichtige Informationen aus einer Flut von Postings herauszufiltern? Oder: Wann macht es Sinn, einen Event anzulegen, und wie erstelle ich diesen? Und natürlich, zu guter Letzt auch: Werbung auf Facebook. Macht das Sinn, und wenn ja, wie bediene ich den Facebook-Anzeigenmanager?

Trotzdem glauben viele Menschen, dass sie ein Service wie Facebook kennen, wenn sie sich eine Stunde damit beschäftigt haben. Was dennoch diffus übrig bleibt, ist Überforderung, Angst oder das dumpfe Gefühl, vielleicht doch nicht durchzublicken. Was genau bedeuten diese vielen Einstellungen, wenn ich auf »Sicherheit« klicke? Wieso will Facebook wissen, wo ich zur Schule gegangen bin, und wer kann das sehen? Warum bekomme ich plötzlich alle Postings von Tante Emma in meine Benachrichtigungen? Wieso bin ich Mitglied der Gruppe »Sophies beste Freunde«? Wie kann ich ein besonders interessantes Posting auf Facebook für später speichern? Und, wenn ich es gespeichert habe, wo finde ich diesen Speicherort? Wie werde ich ein Spiel, das ich mal gespielt habe, wieder los? Wie kann ich auf meiner Seite einen Kollegen ebenfalls zum Admin machen? Sehen andere User auf Facebook, dass ich die Administratorin meiner Firmenseite bin?

Aber, anstatt dass Google oder eine Vielzahl von wirklich guten Lernressourcen verwendet werden, versuchen sich die meisten, irgendwie und leider unbedarft durchzuschlagen. »Keine Zeit«, lautet die beliebteste Entschuldigung. Der Zeitmanagement-Guru Stephen Covey erzählt in seinem Buch »Die 7 Wege zur Effektivität: Prinzipien für persönlichen und beruflichen Erfolg« die Geschichte eines Holzfällers, der im Wald voller Energie, aber mit wenig sichtbarem Fortschritt an einem Baum sägt. Ein Kollege kommt vorbei und fragt ihn, was er da mache, denn die Säge sei doch ganz offensichtlich stumpf und gehöre geschliffen. »Keine Zeit«, meint daraufhin der eifrig Sägende. »Ich muss den Baum fällen.«

Die Online-Werkzeuge, die wir benutzen, zu beherrschen, ist nicht nur eine Frage der Effizienz: Wenn wir uns mit einem Medium, seinen Inhalten, Besonderheiten und Phänomenen nicht gut auskennen, können wir viel leichter auf Falschinformationen oder auf Verschwörungstheorien hereinfallen.

Warum nicht einmal einen lustigen Selbsthilfe-Freitag einlegen? Online-Hilfesysteme sind oft zu Unrecht als kompliziert, unverständlich und nicht hilfreich verschrien. Vor allem Online-Hilfen von Facebook oder Twitter sind wirklich hilfreich, gut strukturiert und nebenbei aktueller als jedes Buch über das Thema!

Nach technischem Wissen auf Google zu suchen, wird oftmals unterschätzt. Google weiß, dass Menschen, die sich in Social Media über Themen unterhalten, eine Quelle von Wissen sind – oftmals sogar besser als jede offizielle Seite! Deshalb können wir auf Google jede beliebige technische Frage stellen und bekommen als Antwort mit ziemlicher Sicherheit Einträge in einem Forum oder Frage-Antwort-Seiten wie »Quora« angezeigt.

Wenn wir uns selbst ein wenig mehr über Computer und unsere Möglichkeiten, die wir online haben, weiterbilden, kann dies dabei helfen, dass wir uns nicht ohnmächtig und überfordert fühlen. Computerlaien glauben häufig, dass ihr Computer oder Browser an einem Problem schuld sei, dabei ist es viel öfter die Online-Software, die dafür verantwortlich ist. Wir glauben also oftmals, wir oder unser Computer wären schuld. Dabei sind wir Opfer der Darstellung eines Ergebnisses einer Computerberechnung, die nicht auf unserem eigenen Rechner gemacht wurde, sondern von diesem nur angezeigt wird. Wir verstehen nicht, dass sich nichts ändert, wenn wir den Browser oder vielleicht sogar den ganzen Computer neu starten, weil wir ja weder das Internet noch den in der Cloud befindlichen Webserver neu starten können, der uns das fehlerhafte Ergebnis liefert.

Für Anfänger ist es daher wichtig, sich immer wieder in Erinnerung zu rufen, dass man auf einem Computer grundsätzlich nicht viel kaputt machen kann. Laien sollten sich jedenfalls ein automatisches Back-up einrichten lassen, das sie mehrmals die Woche ausführen sollten, indem sie eine externe Festplatte anstecken. Wenn das Back-up nicht ständig läuft, besteht keine Gefahr, dass ein Virus das externe Backup befällt. Zusätzliche Sicherheit kann ein – zusätzliches – Cloud-Back-up bieten, das laufend alle aktuellen Daten abspeichert. Wenn Sie als Laie ein Problem haben, das beim Betrachten einer Webseite auftritt, so beenden Sie am besten das Programm und öffnen später oder erst am nächsten Tag erneut diese Anwendung. In vielen Fällen wird das Problem damit behoben sein.

Wer sich ein bisschen mehr mit Computern auseinandersetzen will, sollte sich einmal ansehen, wie Hardware grundsätzlich funktioniert. Wenn Sie sich von einem Bekannten, einem Buch oder einem Computerkurs einmal erklären lassen, was Begriffe wie Prozessor, Hauptspeicher, Harddisk, Solid State Drive, Grafikkarte, IP-Adresse oder HTTP-Protokoll eigentlich in der Praxis bedeuten und wie diese Bausteine des Computers und des Internets zusammenarbeiten, dann sind Sie schon sehr versiert. Computer machen zwar manchmal scheinbar unlogische Dinge, aber sie machen sie oft aus durchaus logischen Gründen.

Anders, als wenn wir in einem Anwendungsprogramm wie Microsoft Word auf unserem Rechner schreiben, tippen wir auf Facebook einen Statuseintrag nicht auf unseren Computer, sondern in eine Datenwolke und speichern dies dort automatisch ab. Der Glaube an die Fehlbarkeit des eigenen Computers geht bei vielen Menschen so weit, dass sie nicht einmal wissen, dass Facebook einen Bugreport hat. Facebook – wie die meisten Cloud-basierten Dienste – ist eine Software, die nicht auf dem eigenen Computer läuft, sondern eben in der Wolke. Dementsprechend sind viele Fehler dieser Software nicht auf dem eigenen Computer behebbar: Komische Sonderzeichen werden angezeigt, Bilder nicht geladen oder »Error«-Meldungen am Kopf der Webseite angezeigt. Wechseln Sie in solch einem Fall den Browser oder starten Sie gleich den Rechner neu. Wenn der Fehler bestehen bleibt, dann üben Sie sich temporär in Geduld. Einmal darüber schlafen, und schon sind viele Fehlermeldungen von selbst behoben. Hat sich dann keine Problembehebung abgezeichnet, ist die Lösung, einen Fehlerbericht an Facebook zu schreiben.

Einen Fehler an Facebook zu melden, ist übrigens viel einfacher, als die meisten glauben. In der blauen Leiste am Kopf jeder Facebook-Seite gibt es ein nach unten zeigendes Dreieck. Klicken Sie dieses an, so sehen Sie verschiedene von Facebook angebotene Funktionen, unter anderem als letzten Punkt »Ein Problem melden«. Wenn Sie dieses anklicken, erhalten Sie eine Auswahl und wählen »Etwas funktioniert nicht«. Im nun folgenden Formular können Sie Ihr Problem beschreiben. Facebook meldet sich bei einer solchen Meldung jedoch nicht gleich zurück. Sie können sich aber ziemlich sicher sein, dass an der Behebung des Problems so schnell wie möglich gearbeitet wird. Wahrscheinlich betrifft es mehrere User und wird dadurch ohnedies mehrfach gemeldet. Manchmal ist das Problem sogar schneller behoben, als man von Facebook eine Antwort bekommt. Dann erledigt sich die Error-Causa von selbst. Weiterführende Informationen gibt es in der Facebook-Hilfe unter »Melden einer fehlerhaften Funktion«.

Sie sehen also: Zur Mündigkeit gehört auch Engagement.

Das ist online gar nicht so schwer: Google, YouTube und andere Werkzeuge erlauben uns, Informationen zu finden, und helfen uns beim Bewerten: Videos, die von besonders vielen Menschen gesehen wurden, und Suchergebnisse, die auf der ersten Seite erscheinen, sind keine Garantie für Qualität, aber ein Hinweis. Darüber hinaus gibt es natürlich weiterhin viele andere Quellen für News und Wissensgenerierung wie zum Beispiel Blogs, Online-Kurse, Magazine und natürlich Bücher.

Kinder online: digitaler Spielplatz oder Gefahrenzone?

In einem Café in Berlin-Mitte: Am Nebentisch nimmt eine Familie mit einem Kind Platz. Es herrscht eine quirlige Atmosphäre. Ab und an fällt das Besteck auf den Boden. Nicht immer gelingt es dem Kleinen, alles auf dem Tisch zu behalten. Doch das tut der guten Stimmung keinen Abbruch. Kaum aber sind weiches Ei, Butterbrot und Croissant verschlungen, kommt Langeweile auf. Daraufhin wird dem circa Dreijährigen das iPad in die Hand gedrückt. Er wischt und tippt daraufhin fröhlich herum. Mama und Papa lehnen sich entspannt zurück und setzen ihr Gespräch weiter fort.

Kennen Sie selbst ebenfalls solche Szenen? Sei es als Beobachter oder gar aus der Position, dass Sie Ihren Kindern ein digitales Spielzeug reichen? Wir wollen Sie und uns alle zu einer neuen Achtsamkeit diesen Entwicklungen gegenüber führen. Tollten früher Kinder mit ihren Freunden aus der Nachbarschaft im Freien herum, so treffen sie sich heute in Chat-Foren. Sogar, wenn sie nebeneinander wohnen. Welchen Schaden kann das Kindern einbringen? Vor welchen Gefahren müssen wir Erwachsenen Nachwuchs schützen?

Folgende Nebenwirkungen im Sozialverhalten von Kindern können auf eine digitale Überdosis hinweisen: weniger Empathie, mehr Ablenkungs- und Aufmerksamkeitsstörungen, Schlafstörungen, mehr Ängste und Stress. Wie können wir diesen Entwicklungen entgegenhalten und unseren Kindern eine lebenswerte Zeit des Heranwachsens schenken?

Wo können wir Glück oder Unglück der Facebook-Generation orten? Hirnforscher Manfred Spitzer nennt dafür eine US-Studie, die gezeigt hat, dass acht- bis zwölfjährige Mädchen schon sieben Stunden online sind und nur zwei Stunden miteinander Kontakt haben. Das interessante Ergebnis dieser Studie: Die Mädchen sind unglücklich mit ihren Online-Freunden und glücklich mit ihren realen Freunden. Dies lässt sich leicht wissenschaftlich erklären: Der Hirnforschung zufolge sind die realen Kontakte viel eindrücklicher. Nicht nur für Kinder, sondern auch für uns Erwachsene. Dafür ist ein wichtiges Areal in unserem Hirn verantwortlich, das über unseren Augen sitzt und größer wird, je mehr wir Freunde in unserem realen Leben treffen. Als Eltern dürfen wir uns dieser Tatsache bewusst sein, um unsere Kids zu fördern, Freundschaften außerhalb des Netzes zu pflegen und viel Zeit mit anderen zum Spielen im Kinderzimmer und Garten zu verbringen.

Was könnten Sie weiters zukünftig tun, um Ihren eigenen Kindern, Nichten und Neffen und Enkeln Gutes mit auf den Weg zu geben? Seien Sie selbst ein gutes Vorbild! Ja, genau darum geht es in Wirklichkeit! Unangenehm zu hören? Die aktuellen Zahlen sind erschreckend: Mehr als die Hälfte der Achtjährigen (55 Prozent) ist bereits online. Von den Sechsjährigen geht fast ein Drittel ins Internet, bei den Dreijährigen sind ist es schon jedes zehnte Kind!

Viele Eltern berichten hingegen stolz, was ihr Spross nicht alles am Tablet bewerkstelligt. Kein Wunder, faszinieren doch Apps, Rätsel und Spiele ungemein. Bunte Bilder und die leichte Bedienbarkeit ziehen auch die Kleinsten in ihren Bann. Und, wie sieht das bei Ihnen aus? Sind Sie selbst als Elternteil betroffen? Oder als Tante bzw. Onkel? Wie oft reichen Sie Ihr Smartphone oder Tablet noch sehr jungem Nachwuchs zum Spielen? Vorsicht! In den ersten drei Lebensjahren sollten noch vorrangig reale Erfahrungen im Fokus stehen. Medienerlebnisse können diese ergänzen, wenn sie altersgerecht, begleitet und überschaubar sind.

Für Kindergarten- und Schulkinder darf sich eine weitere digitale Welt eröffnen: Es gibt bereits eine große Auswahl an Lern- und Spielanwendungen, die altersgerecht aufbereitet sind und beim Lesen, Schreiben und Rechnen unterstützen. Leider sagt die Altersangabe zumeist nicht viel über die Qualität der Anwendung aus. Testen Sie diese deshalb bitte selbst auf ihre Tauglichkeit für Ihre Kids vorab.

Ach ja, nun kommt das Thema Mobiltelefon ins Spiel. Apropos: Kennen Sie noch die gute alte Zeit der Festnetztelefonie und das Vierteltelefon? Heutige Jugendliche kommen aus dem Staunen nicht mehr heraus, wenn davon erzählt wird: »Wie habt ihr euch denn damals überhaupt mit euren Freunden getroffen, also, etwas ausgemacht?«, wird überrascht gefragt. Ja, früher musste man sogar auf eine Verbindung zum Telefonieren »warten«. Seien Sie sich dessen mit einem innerlichen Grinsen bewusst, wenn Ihr Nachwuchs laut schreiend und auf den Boden stampfend mit sechs Jahren auf ein Smartphone beharrt: Auch er wird besser noch etwas warten dürfen. Dass die Kleinen sehr schnell mit dem Smartphone von Mama und Papa umgehen können, zeigt sich, wenn sie wahrlich kleine Kunststücke darauf vollführen, wissen, wo sie beispielsweise zu den Fotos der letzten Geburtstagsfeier gelangen – und das, obwohl die lieben Eltern sehr sorgfältig darauf achten, dass ihr Kind nicht auf digitalen Devices herumspielt. Unterschätzen Sie nie die Wissbegierde Ihrer Kinder!

Ab wann wäre es für die Entwicklung Ihres Nachwuchses sinnvoll, ein eigenes Telefon zu besitzen? Erziehungsexperten raten, mit dem Smartphone bis zum Alter von elf, zwölf Jahren zu warten. Zuvor sollte es ein schlichteres Modell für Notfälle tun. Denn bis dahin würde die nötige Reife noch nicht genug ausgeprägt sein, um mit den vielen Funktionen verantwortungsbewusst umzugehen. Nehmen Sie sich bitte Zeit, um dieses Smartphone mit Ihrem Kind gemeinsam einzurichten. Es gibt viele Sicherheitseinstellungen, die Ihr Kind vor digitalen, nicht altersgerechten Inhalten wie Pornografie etc. schützen.

Bieten Sie attraktive Alternativen zu Computer & Co.: Es ist weitaus schwieriger, einen 16-Jährigen, der täglich zig Stunden an der Spielkonsole verbrachte, zu einem neuen Hobby zu motivieren, als einen Sechsjährigen für Sport oder das Spielen eines Musikinstrumentes zu gewinnen. Solche Freizeitgestaltungen machen Ihre Kinder nicht nur aktiver, sie stärken auch ihr Selbstvertrauen. Dieses brauchen sie in dieser Zeit des Heranwachsens.

Die Kluft zwischen den Generationen, die sich im Zuge der Pubertät zumeist auftut, ist ebenfalls digital gefärbt. Oder dies kann zusätzlich eine neue Kluft mit sich bringen, denn es ergeben sich vollkommen neue Verhaltensformen. Das Internet ist ein zentraler Teil des Lebens heutiger Jugendlicher. Wie zeigt sich diese Färbung des digitalen Zeitalters in der Entwicklung von Jugendlichen? Wo früher die ersten sexuellen Erfahrungen in Jugendgruppen oder beim heimlichen Rauchen in Parks gemacht wurden, wird dies heute in virtuellen sozialen Netzwerken wie Facebook, Instagram oder sonst wo im Internet vollzogen. Kennen Sie selbst noch diese Momente des Erwachens, des Erwachsenwerdens? Im Freundeskreis wurden verschämt und mit brennendem Interesse Playboy-Hefte umhergereicht. Es wurde getratscht, »wer mit wem geht« und wer wie lange ausgehen durfte. Kleinste neue Freiheiten wurden gefeiert. Das erste Mal bis Mitternacht Party machen dürfen, blieb vielen in Erinnerung. Doch, wie ist dies heute? Natürlicherweise brauchen Jugendliche Freiräume, um die Loslösung von ihren Eltern begehen zu können. Das war so und wird zukünftig so sein. Doch diese Ablösung entwickelt sich immer weiter weg von der versperrten Zimmertür und hin zur virtuellen Abkapselung im Web 2.0. Fessel- und Bondage-Spiele, Sex mit Tieren und noch viel mehr: Alles ist digital schnell erhältlich und nicht mehr unerreichbar oder hinter versperrten Türen wie in früheren Zeiten. Heutige Jugendliche wachsen mit vollkommen anderen Gegebenheiten auf.

Das Wissen von Eltern ist in einem anderen Entwicklungsprozess entstanden, in ihrer Generation gab es den Kassettenrecorder und den Walkman als große Innovation! Sie sind mit diesen digitalen Techniken nicht aufgewachsen und deshalb oftmals noch nicht so versiert im Überblick über die Möglichkeiten, die es im Internet gibt. Zu oft werden deshalb Jugendliche im Web 2.0 alleingelassen. Es ist ein neues Maß an Vernachlässigung, die die elterliche Generation im Umgang mit Jugendlichen sich selbst zuschreiben muss. War es früher der Fernseher, vor den Eltern die Kids setzten, um in Ruhe plaudern zu können, wird heute sehr schnell zum iPad gegriffen, und dieses den Aufmerksamkeit fordernden Kindern vor die Nase gehalten, um sie wie mit einem digitalen Schnuller ruhigzustellen.

Die nächste Stufe der Schutzmaßnahmen, die wir Jugendlichen zukommen lassen dürfen, ist die Abschirmung vor pornografischen Gefahren. Extreme sexuelle Praktiken jeglicher Art und Gewaltexzesse könnten anderenfalls zum Pausenknüller im Schulhof werden. Im Weiteren haben Cyberkriminelle leichtes Spiel, die Naivität von Jugendlichen, und sei es auch nur mit Abonnementfallen oder einem Identitätsklau, auszunützen. Ein leider weiterer negativer Trend zeigt sich auch im Bereich der Pubertät: »Sexting«. Etwa ein Drittel aller Jugendlichen ist davon bereits betroffen.

Der Begriff »Sexting« leitet sich von »Texting« ab, dem amerikanischen Begriff für SMS. Beim Sexting sendet man jemandem statt einer Textnachricht ein Nacktbild von sich zu. Sexting entstand als Modeerscheinung zwischen Jugendlichen in den 1990er-Jahren. Ursprünglich wurden die eigenen Nacktbilder über SMS versendet, inzwischen natürlich auch über das Internet. Problematisch wird Sexting, wo es von Minderjährigen betrieben wird, deren Nacktbilder als Kinderpornografie anzusehen sind. So gibt es Länder, in denen Jugendliche für das Versenden ihrer eigenen Bilder wegen Kinderpornografie strafbar sind. Sprechen Sie darüber. Oftmals schützt solch ein Wissen Ihren Nachwuchs weitaus mehr vor dem einen Klick zu viel, der Intimes digital preisgibt und neben persönlichen auch rechtliche Konsequenzen nach sich ziehen kann.

Die Konfliktfähigkeit von Jugendlichen wird ebenfalls durch die Digitalisierung auf eine neue Probe gestellt. Streitigkeiten werden nun an anderen Schauplätzen als dem realen Leben abgehalten, oftmals vor größerem Publikum, als dies der Pausenhof jemals geboten hätte. Jugendliche geraten sich im Internet auf Facebook, Instagram und WhatsApp in die Haare, mobben sich anonym, indem sie Unwahrheiten oder Beleidigungen in sozialen Medien posten, aber haben zuvor gar nicht gelernt, im realen Leben ihre Konflikte konstruktiv auszutragen. Selbstmorde, die wiederum bei Facebook und Instagram gepostet werden, sind ein trauriges Zeugnis davon.

Nach all diesen sehr pessimistisch stimmenden Fakten: Wir dürfen unseren nächsten Generationen aufzeigen, dass Gefühle von Belohnung und Gerechtigkeit, Erfolg, Freude und Anerkennung wichtig sind. Lassen Sie uns achtsam Wert darauf legen, dass sie dies im zwischenmenschlichen Austausch erfahren: möglichst viele reale Kontakte mit Jugendlichen zu ermöglichen, ihnen einen stressfreien Umgang zur Sexualität vorzuleben und auch den Kindern nahezubringen, wie eine gute Konfliktbereinigung vonstattengehen kann. Denn eines sollten wir auf keinen Fall aus unseren eigenen Ängsten und Ohnmachtsgefühlen tun: Kinder von den Entwicklungen fernzuhalten. Denn, ohne deren Wissen darum, würden wir sie im Weiteren in ihrem Arbeitsleben und auch sozialen Leben zu Außenseitern verkommen lassen. Aber wir dürfen sie lehren, dass nicht alles, was im Internet angeboten wird, für sie bestimmt ist, sondern sie relevant fördern, damit sie selbst herausfiltern können, was Ihnen guttut. Und Ihnen auch digital den Schutz bieten, den sie verdienen – mit digitalen Kinderschutzprogrammen.

Digital Resilience: den eigenen Wohlfühlfaktor online erhöhen

Von Jung zu Alt: Lassen Sie uns einen Sprung ins Erwachsenenalter machen und uns ansehen, welche Ressourcen uns im real Life (IRL) und bei unserem digitalen Unterwegs-Sein guttun! Allen voran ist dies die Gabe einer hohen Resilienz: Darunter versteht man eine hohe psychische Widerstandsfähigkeit, die es uns erlaubt, mit schwierigen Situationen besser umgehen zu können. Resiliente Menschen sind in der Lage, kritische Situationen und Krisen besser zu bewältigen als andere. Der ursprüngliche Begriff von Resilienz bezeichnete die Stärke eines Menschen, besondere Lebenskrisen wie schwere Krankheiten, lange Arbeitslosigkeit, Verlust von nahestehenden Menschen oder Ähnliches psychisch und physisch gesund zu überstehen. Auch heute wird dieser Begriff für jene verwendet, die als Kinder in einem schwierigen sozialen Umfeld aufwuchsen, sich aber trotzdem zu erfolgreichen Erwachsenen entwickelten.

Zumeist können sie dies, weil sie auf bessere Ressourcen zurückgreifen konnten als weniger resiliente Personen. Resiliente Personen haben den Glauben, dass sie es sind, die über ihr eigenes Schicksal bestimmen. Sie vertrauen nicht auf Glück oder Zufall, sondern lernen, experimentieren und nehmen die Dinge selbst in die Hand. Sie ergreifen Möglichkeiten, wenn sie sich bieten, haben aber dennoch ein realistisches Bild von ihren Fähigkeiten und sind nicht einfach blauäugige Schönredner.

DIGITAL TRISTESSE – Katrin

Im Herbst 2015 verlor ich mich im digitalen Sein. Was ich damit meine? Ich war viel zu viel online. Irgendwann ging mir in all diesen vielen Stunden, die ich mit technischen Gegebenheiten verbrachte, meine Kreativität, die ich als mein Lebenselixier bezeichne, verloren.

DIGITAL HAPPINESS – Katrin

Als ich mit einem Hörsturz ins Krankenhaus eingeliefert wurde, nutzte ich diese Zeit des Ruhig-gestellt-Seins für mein Umdenken. Meine Schöpferkraft sollte wieder im Mittelpunkt stehen, beruflich wie privat. Ich begann, nach Jahrzehnten wieder zu stricken. Es tut mir gut, nicht mehr beim Fernsehen zeitgleich am iPad herumzuwischen und mich einem digitalen Overkill auszusetzen, sondern mit meinen Händen kreativ etwas zu erschaffen. Während meine Hände flink mit den Nadeln Einzelanfertigungen von Pullovern und Schals produzieren, kreiert mein Geist in Gedanken Blogbeiträge, Kapitelinhalte zu neuen Büchern oder Podcasts sowie Newsletter-Angebote. Dabei hebe ich in visionäre Gedankenwelten ab und bleibe zugleich realistisch am Boden. Warum ich mich nicht mehr in digitalen Welten verliere? Ich erde mich viel mehr. Ich binde beispielsweise meinen Adventkranz selbst und

pflanze wieder neues Grün selbst in meinem Garten. Dinge im wahrsten Sinn zu begreifen, also mit meinen Händen zu erfassen, tut mir als Ausgleich zu meinen Online-Zeiten immens gut.
Nicht nur ich scheine diesen Drang zurück zu analogen Handlungen zu verspüren. Hersteller von Fineliner-Stiften etwa kommen mit ihrer Produktion kaum nach. In Zeiten der Digitalisierung ist diese ansteigende Nachfrage nach Schreibgeräten bemerkenswert. Der Grund dafür: ein neuer Trend zum Mandala-Malen! Herrlich entspannend, so beschreiben die Anhänger diese alte und wieder neu in Mode gekommene Tätigkeit und genießen ihre Dosis an meditativer Zeit.

Wie könnte man den Begriff der Resilienz nun auf unsere »Digital Happiness« übertragen? Die wichtigste Eigenschaft im Zusammenhang mit einer starken digitalen Resilienz ist sicher, die Neugier zu bewahren und unbekannten Situationen positiv gegenüberzustehen, diese aber gleichzeitig gut einschätzen und bewältigen zu können.

Kommunikation über Medien (wie z.B. das Telefon) ist nicht ganz neu. Aber die »Always on«-Kultur der sozialen Netzwerke verlangt etwas Neues und Ungewohntes von uns. Niemals zuvor waren wir so unmittelbar mit anderen Menschen vernetzt. Soziale Netzwerke, Foren und Chaträume sind Orte, an denen wir 24 Stunden an sieben Tagen in der Woche mit anderen kommunizieren können. Mit allen Vor- und Nachteilen, die solch eine Situation bietet.

Digital Resilience bedeutet, dass wir uns online frei bewegen und sicher fühlen: Wir kennen unsere eigenen Vorlieben, aber auch unsere Abneigungen und Schwachpunkte.

Die amerikanische Soziologin Sherry Turkle des Massachusetts Institute of Technology (MIT) hat für ihr Buch »Reclaiming Conversation: The Power of Talk in a Digital Age.

Interviews zum Kommunikationsverhalten junger Menschen geführt. Besonders junge Menschen nutzen moderne, vernetzte Nachrichtendienste wie WhatsApp oder Facebook-Privatnachrichten fast ohne Pause: Minütlich »pingt« es und eine neue Nachricht steht zur Ansicht bereit. Eines der interessantesten Ergebnisse war jedoch die Wertigkeit, die diese jungen Menschen den Online-Messaging-Diensten wie WhatsApp oder Snapchat beimessen – vor allem auch im Vergleich mit dem als unangenehmer empfundenen Telefongespräch. Eine Textnachricht zu schreiben, schien diesen Jugendlichen anscheinend das Gefühl zu geben, dass sie in Ruhe überlegen konnten, was sie sagen wollten. Telefonieren wurde in dieser Studie als unmittelbarer und damit weniger der eigenen Kontrolle unterworfen erlebt.

Der Wandel im Kommunikationsverhalten verbannt den unangekündigten Telefonanruf in den Bereich der Belästigung. Wer eine kleine Firma hat und neben dem Mobiltelefon noch eine Festnetznummer, wird vermutlich bereits festgestellt haben, dass auf dem Festnetz zumeist nur noch Vertreter anrufen. Geschäftliche Erstkontakte und die Kontaktaufnahme mit entfernten Bekannten funktioniert bei vielen Menschen nur mehr über E-Mail und soziale Netzwerke. Nahe Verwandte werden weiterhin angerufen. Familienmütter oder -väter auf Dienstreise skypen mit dem Nachwuchs, und Teenies schicken einander Chat- und Privatnachrichten am laufenden Band. Insgesamt ist zu beobachten, dass Telefonminuten und SMS immer weniger werden. Die Kommunikation verlagert sich auf kostenlose Messenger-Dienste.

Wichtig für die eigene Resilienz ist es, sich nicht fremdbestimmen zu lassen. Nur weil jemand anderer einen Kommunikationskanal bevorzugt, bedeutet das nicht, dass Sie diesen ebenso präferieren. Wer sich kommunikationstechnisch von anderen über den Tisch ziehen lässt, wird nicht glücklich werden. Im schlimmsten Fall gilt es, einen Kompromiss auszuhandeln.

Typisches Beispiel ist der Jobauftrag per Telefon, wo jemand versucht, den anderen regelrecht zu überfahren: »Darf ich dich bitten, mir mal rasch ...« In solch einem Fall können (und sollten Sie) gleich kontern mit: »Schreib mir bitte eine E-Mail mit deinen Wünschen.« Erstens haben Sie gleich eine schriftliche Erinnerung an das Gewünschte, und dazu die Sicherheit eines schriftlichen Auftrags!

Kennen Sie diese Unterscheidung ebenfalls? Es gibt die »Telefonierer«, die »Mailer« und die »Nachrichten-Schreiber« (SMS, WhatsApp, Messenger etc.). Zu wissen, wer wie tickt, ist oftmals sehr hilfreich, um das richtige Sprachrohr zu wählen und andere besser zu erreichen. Hinzu kommen noch andere Eigenheiten: Manche rufen ungehemmt am Abend oder Wochenende an, um Berufliches zu klären. Andere senden eine E-Mail und rufen fünf Minuten später an, um sich zu versichern, dass diese eingelangt sei. Vielleicht wollen sie sogar den Inhalt gleich am Telefon besprechen. All dies kann einen immensen unbewussten Druck auf uns ausüben. Jedoch nur so lange, bis wir erkennen, dass nicht bei uns, sondern beim anderen dieser Druck herrscht. Sie werden durch das Lesen dieser Zeilen zukünftig innerlich gestärkt sein, zu erkennen, dass Sie diesen Druck nicht übernehmen müssen, sondern beim anderen belassen und Sie selbst gelassen bleiben dürfen. Sie müssen nicht auf jede Nachricht, die sie bombardiert, im Eilzugtempo reagieren. Und Sie dürfen auch auf einem oder mehreren Kommunikationskanälen nicht erreichbar sein. Das unterliegt Ihrer freien Entscheidung und Ihrer Selbstbestimmung.

Doch ab und an fühlen wir uns gar nicht selbstbestimmt, sondern vielmehr vollkommen fremdbestimmt: Wenn wir merken, dass wir immer und überall ein drängendes Bedürfnis haben, online zu kommunizieren, dann sollten wir reflektieren, warum. Vielleicht sind wir einsam, und das Netz hilft, dies zu vergessen, indem wir ständig chatten? Oder der

Grund ist ein wunderbarer: Wir sind verliebt. Oder jemand hasst seinen Job und würde alles lieber tun, als zu arbeiten. Vielleicht besteht auch Sehnsucht nach dem Adrenalinschub, den schnelles Zurückschreiben in einer Chat- oder Twitter-Diskussion mit sich bringt. Oder wir finden eine politische Situation, Tierleid oder Fleischessen entsetzlich und mischen uns auf Facebook in jede diesbezügliche Diskussion ein. Ist das auf Dauer gesund? Ja und nein. Es ist ein bisschen wie beim Essen. Auch mit dem besten Bio-Slowfood können wir uns – wenn wir zu viel davon essen – regelrecht »überfressen« und Gesundheitsprobleme provozieren (mit Big Macs geht das um einiges schneller). Die Dosis macht auch online das Gift. Schlafstörungen, leichte Ablenkbarkeit und ein Aufmerksamkeitsdefizit können nicht nur Kindern, die zu viel online sind, das Leben schwer machen. Wir Erwachsenen müssen ebenfalls mit körperlichen und gesundheitlichen Einbußen rechnen.

Wenn wir uns online nicht beherrschen können, kann uns eine entsprechende Software dabei helfen, die Zeit am Computer produktiv zu verbringen. Manche Menschen bräuchten dringend (zumindest zeitweilig) eine externe Kontrolle, damit sie nicht ihr Leben vor dem Fernseher verbringen, andere brauchen diese Kontrolle vor dem Computer. Anders als beim TV brauchen Sie aber nicht etwa eine Zeitschaltuhr anzubringen, um das gesamte Gerät zu sperren. Eine Teilsperre reicht aus: Der Computer bleibt benutzbar, und die Aktivitäten, bei denen Sie Stunden vergeuden, können erst nach Ablauf einer gewissen Zeitspanne wieder aufgerufen werden.

Die meisten Apps, die dafür sorgen, dass Sie nicht zu viel Zeit am Computer vergeuden, zielen darauf ab, gewisse Webseiten zu versperren. Sie heißen »BrowserControl«, »StayFocused« oder »SelfControl« und funktionieren alle nach dem gleichen Prinzip: Auf einer Blacklist stehen Seiten, die man für eine gewisse Zeitspanne nicht ansurfen darf. Bei den meisten dieser Programme hilft auch ein Neustart nicht: Die Seiten bleiben für eine fix eingestellte Zeit gesperrt. Welche Seiten das sind, können Sie selbst bestimmen. Meistens sind die größten Zeitfresser wie Facebook oder große Zeitungen bereits voreingestellt. Manche Programme sperren auf Wunsch auch den eigenen E-Mail-Zugang. Wenn Sie das Programm dann starten, werden Sie gefragt, wie lange Sie die angegebenen Seiten blockieren möchten. Sinnvoll ist zum Beispiel eine Zeitspanne von ein bis zwei Stunden. Danach können Sie sich eine kurze Pause gönnen, in der Sie alle sich selbst temporär verbotenen Webseiten nach Herzenslust besuchen können, um anschließend wieder ein, zwei Stunden »ausgesperrt« konzentriert zu arbeiten.

Wenn wir uns in der Vergangenheit ausgeliefert und überrollt gefühlt haben, dann waren wir noch nicht medienkompetent. Nach all dem Erfahrenen und Wissenswerten, das wir gemeinsam betrachtet haben, ist uns nun klar, dass Digital Resilience bedeutet, zu wissen, welche Kommunikationskanäle wir selbst bevorzugen, und damit umgehen zu können, dass das Internet viele Ablenkungen bietet. Darüber hinaus bedeutet es aber auch, dass wir uns von Trollen nicht irremachen lassen, und wissen, wo und wie wir unsere Daten sicher aufbewahrt haben möchten – und welche Daten wir gern freigeben. Im Großen und Ganzen führt uns die digitale Resilienz wieder zurück zum Begriff der Media Literacy, der erfolgreichen Medienerziehung. Wir erlangen Schritt für Schritt Kenntnisse und Fertigkeiten für einen aufgeklärten und kompetenten Umgang mit Medien.

TEIL III

Die digitale Gesellschaft: zwischen Ablehnung und neuen Chancen der Vernetzung

Crowdsourcing und Crowdfunding

Es war einmal eine Gruppe von Astronomen mit tollen Teleskopen, unfassbar vielen Daten – und einem Problem. Sie hatten ein Teleskop, mit dem bisher 900.000 Galaxien entdeckt wurden, aber weder die Software noch die Mitarbeiter, um all diese zu klassifizieren. Was sollten die Astronomen tun? Tatsächlich ist dieses Beispiel nicht erfunden. Das Problem, vor dem diese Wissenschaftler im Jahr 2007 standen, war eine spezielle, sogenannte morphologische Analyse aller bisher entdeckten Galaxien. Morphologisch, also von ihrer Struktur her, gehören Galaxien zu den Gruppen rechtsdrehender Spiralarm-Galaxien, linksdrehender Spiralarm-Galaxien, Sternhaufen oder Anomalien (z.B. unregelmäßiger Form).

Ursprünglich hatten die Forscher versucht, Computerprogramme zu schreiben, die diese Aufgabe der visuellen Einordnung übernehmen sollten. Aber die Computer waren zu dumm. Sie konnten die Bilder des Hubbleteleskops zwar grob analysieren und die meisten Sterne aus den Ergebnissen herausfiltern, aber eine vernünftige Einteilung brachten sie nicht zustande. Oder, wie es der Schweizer Wissenschaftler Kevin Schawinski ausdrückte: »Das menschliche Gehirn ist in Wirklichkeit viel besser im Erkennen von Mustern als jeder Computer.«

Dann hatten die Astronomen eine Idee. Warum die Aufgabe der Klassifizierung von 900.000 Galaxien nicht auf viele Menschen aufteilen? Der Galaxy-Zoo war geboren. Die Idee war nicht komplett neu: SETI, das NASA-Programm zur Entdeckung außerirdischen Lebens, hatte in den 1990er-Jahren ein ähnliches Problem. Allerdings damals nicht durch die Notwendigkeit, die Daten durch Menschen sichten zu lassen, sondern, weil zu wenige Computer vorhanden waren. Mit dem Programm »SETI at Home« konnte in den 1990er-Jahren jeder Computernutzer seinen Rechner in Leerlaufzeiten an den SETI-Daten mitanalysieren lassen. Bei »Galaxy-Zoo« waren aber nun nicht die Rechner der Nutzer gefragt, sondern ihre Augen. Die Webseite war ein großer Erfolg und begründete die Disziplin der »Citizen Science« (deutsch: Bürgerwissenschaft), bei der Laien Wissenschaftlern dabei helfen, zu neuen Erkenntnissen zu kommen. Zwischen 2007 und 2009 katalogisierten auf Galaxy-Zoo 150.000 Online-Nutzer alle 900.000 gefundenen Galaxien der Forscher.

»Mechanical Turk« ist ein »Crowdsourcing Internet Marketplace« der Firma Amazon. Der auf den ersten Blick rassistisch klingende Begriff ist in Wirklichkeit das Zitat der ersten »Maschine« seiner Art: Im Jahr 1769 kreierte der österreichisch-ungarische Hofbeamte Wolfgang von Kempelen einen Schachroboter. Das Gerät bestand aus einem Schachbrett auf einer Kiste, hinter dem eine künstliche Figur mit Turban saß, mit der man Schach spielen konnte. Die Maschine wurde »Schachtürke« genannt, daraus wurde im Englischen »Mechanical Turk«, also »mechanischer Türke«. »Ist das nicht ein bisschen früh für so ein Gadget«, werden vielleicht einige von Ihnen denken. Sie haben recht! Im angeblichen Schachautomaten war in Wirklichkeit ein Mensch versteckt, der die Funktion eines Computers vortäuschte!

Der »moderne« Mechanical Turk ist ein Internetdienst, über den Menschen an Problemen arbeiten, für die Computer noch nicht schlau genug sind. Der Unterschied zwischen einem normalen Job am Computer und einem Auftrag, den man über Mechanical Turk bekommt, ist, dass die Arbeiten auf dieser Plattform ähnlich repetitiv sind wie links- oder rechtsdrehende Galaxien zu bestimmen. So kann man zum Beispiel aus Tausenden Bildern einer Bilddatenbank alle heraussuchen, die eine Katze oder eine Blume zeigen, andere Jobs beinhalten die Kontrolle von computergenerierten Ergebnissen, z.B. Texte einer automatisierten Sprach- oder

Texterkennung zu korrigieren. Oder man wird beauftragt, einen Kommentar auf einer Bewertungsplattform abzugeben. Repetitive Tätigkeiten, mit denen Computer in der Umsetzung Probleme haben, auf Tausende Menschen aufzuteilen, bedeutet, diese wesentlich schneller erledigen zu können.

Mechanical Turk verteilt solche Arbeiten vor allem in Ländern der Dritten Welt, und so sitzen die meisten Auftraggeber in der westlichen Welt, die Auftragnehmer üblicherweise in Billiglohnländern. Die meisten Jobs auf der Plattform, vor allem die unqualifizierten, bringen nur ein bis zehn Cent pro Mikrojob oder »hit«. Ein solcher Mikrojob kann von fünf Minuten bis zu einer Stunde dauern. Wenn Arbeitnehmer einfache Zusatzqualifikationen erwerben, können sie auch an etwas besser bezahlte Jobs kommen. De facto werden diese Qualifikationen durch kurze computerisierte Quizzes getestet, die einfache Anforderungen abfragen wie zum Beispiel Rechtschreibung oder das Erkennen von Tieren oder Blumen. Ein vertretbarer Stundenlohn für westliche Verhältnisse ist über Mechanical Turk aber nicht zu erreichen.

DIGITAL TRISTESSE – Lena

»Dein Logo schon um 5 Euro!«, schreit mir die Online-Werbung entgegen. »Tausende Grafiker arbeiten für dich!« Auf Webseiten wie freelancer.com, fiverr.com oder designcrowd.com bieten Grafiker, Programmierer, Fotografen und andere ihre Dienste an. Manche von ihnen arbeiten um fünf Euro pro Stunde, andere verlangen mehr. Gemeinsam bilden sie das Schreckensszenario der Globalisierung von Dienstleistung: qualifizierte Online-Jobs wandern in Billiglohnländer. Die Industriejobs sind schon weg, folgen jetzt die qualifizierten Dienstleistungen?

DIGITAL HAPPINESS – Lena

Bei niedrig qualifizierten Tätigkeiten können globale Jobplattformen aber durchaus eine Win-win-Situation sein. Solange die Lohnniveaus weltweit nicht angepasst sind, sind Billigjobs ein Weg zu Arbeit und auch zu einer möglichen höheren Qualifikation. Im Moment sind Menschen bei gewissen Tätigkeiten einem Computer noch überlegen, vor allem viele Menschen gemeinsam, weil Tausenden Menschen weniger Fehler als einem Computer passieren. Zeigt man das gleiche Foto über Mechanical Turk mehreren Menschen, und neun von zehn sind der Meinung: »Ja, das Bild zeigt eine Katze«, kann man ziemlich sicher sein, dass das Bild eine Katze zeigt. Geben fünf Personen »Ja« und fünf Personen »Nein« an, so wird sich ein Spezialist diese Bild nochmals ansehen müssen. Jedoch nur dieses eine Foto, aber möglicherweise nicht alle anderen 99.999 Bilder.

Haben Sie sich selbst schon einmal an Crowdfunding beteiligt? Nein? Wir denken, ja! Beispielsweise bei Geburtstags- oder Hochzeitsjubiläen: Anstatt lauter kleiner Geschenke wünschen sich viele zu solchen Anlässen ein größeres Geschenk, zum Beispiel eine Reise. Damit nicht ein Gast die ganze Reise verschenken muss, was sich die meisten vermutlich gar nicht leisten könnten, legen alle Gäste zusammen: Aus vielen kleinen Beträgen wird eine größere Summe. Genauso funktioniert Crowdfunding, nur dass man statt in eine Reise für Freunde in Projekte von Fremden investiert – und das über das Internet.

Grundsätzlich gibt es vier Arten von Crowdfunding:

- *Spendenbasiertes Crowdfunding* unterstützt Projekte, die von den Spendern als wichtig empfunden werden. Der Spender gibt Geld und bekommt – außer einem guten Gefühl – nichts dafür zurück.

- *Crowdfunding mit Belohnung* bewirbt meistens ein neues Produkt oder eine Dienstleistung. Der einzelne Spender bekommt das Produkt und vielleicht obendrein (je nach Größe seiner Spende) noch ein Geschenk dazu.
- Beim *Crowdfunding mit Rückzahlung* verleiht der Crowdfunder Geld und bekommt dieses z.B. nach Beendigung des Projekts zuzüglich eines Zinsbetrags zurück, ein Beispiel dafür sind Mikrokredite.
- *Crowdinvesting* bringt (im besten Fall) zusätzlich zum investierten Betrag und den Zinsen auch noch eine Rendite.

Eine der erfolgreichsten Crowdfunderinnen ist die amerikanische Musikerin Amanda Palmer. Sie hatte die Idee, über eine Crowdfunding-Plattform für kreative Projekte ihr nächstes Musikalbum zu finanzieren. Gefragt, warum gerade ihr Projekt von so vielen Menschen wert befunden wurde, finanzielle Unterstützung zu bekommen, antwortete sie auf einer Podiumsdiskussion in Wien: »To do crowdfunding, you first need a crowd.« Und diese »Crowd« hatte Amanda Palmer: Sie war bereits ziemlich berühmt, bevor sie ihre Crowdfunding Kampagne startete, als Sängerin der Dresden Dolls, aber auch als Solokünstlerin. Viele kennen wahrscheinlich ihren Song »Coin-Operated Boy« aus dem Darbo-Marmeladen-TV-Spot.

Kritiker des Modells von Amanda Palmer, »Musikerin sucht über Crowdfunding Finanzierung«, geben zu bedenken, dass ein großer Teil ihrer Popularität über herkömmliche Marketingaktivitäten ihrer Plattenfirma zustande gekommen sei, also dass sie nur die mit traditionellen Mitteln erworbene Credibility im Internet ausnutzte. Amanda Palmer hat inzwischen zu diesem Thema einen TED-Talk gehalten und ein Buch geschrieben, in dem sie dies widerlegt: Der Talk und das Buch tragen den Titel »The Art of

Asking«. Sie beschreiben, wie sich die an sich punkige und wenig selbstdisziplinierte Künstlerin sehr bewusst und mit viel Aufwand und Kontinuität ihren Fans widmet und sich durch persönlichen Kontakt, Twitter und ihren Blog eine treue Fangemeinschaft erarbeitet hat.

Crowdfunding-Plattformen bieten jedem, der eine gute Idee hat, die Möglichkeit, von Fremden Geld einzusammeln. Aber: Viele auf solchen Plattformen eingestellte Projekte finden kein Publikum. Das liegt sicher zum einen daran, dass eine Menge Ideen, die von ihren Schöpfern für absolut genial gehalten werden, in Wirklichkeit nicht besonders aufregend sind. Jedoch ist es sicherlich auch der Fall, dass viele Menschen Crowdfunding-Plattformen für eine Art Sponsoring halten, das die Qualität ihrer Idee quasi finanziell bewertet. Das ist bis zu einem gewissen Grad richtig, greift aber zu kurz. Crowdfunding ist erfolgreich, wenn mehrere Faktoren zusammentreffen: Die Idee ist gut und führt zu einem Produkt oder zu einer Dienstleistung, die eine gewisse Anzahl an Menschen wirklich wollen (und brauchen können!). Das Verhältnis zwischen der Summe, die investiert werden soll, und dem, was man dafür zurückbekommt, muss stimmen. Die Art der Projektpräsentation sollte das Bedürfnis wecken, bei diesem Projekt dabei sein zu wollen. Das Projekt findet also sein Publikum und wird im besten Fall auf der Plattform, auf der es eingestellt wird, viral verbreitet. All dies ist harte Arbeit und erfordert Investitionen in das Marketing für die Präsentation dieser Idee. Dies klappt natürlich viel besser, wenn man, so wie Amanda Palmer, bereits Zugang zu einer größeren Gruppe an Menschen hat, die sich für einen selbst oder das eigene Produkt interessieren.

Eine Spezialform des Crowdfunding ist das Crowdinvesting: Hier buhlen Start-ups um Geld, um eine Geschäftsidee umsetzen zu können. Der Investor bekommt, anders als beim normalen Crowdfunding, nicht ein Produkt, sondern einen Anteil an der neuen Firma und trägt damit auch das volle Risiko: Scheitert die Firmenidee, ist sein investiertes Geld verloren. Geht die Idee auf, winken saftige Renditen! Die Idee des Crowdinvesting ist es, das Risiko aufzuteilen. Scheitert eine Firma, in die Hunderte Menschen jeweils 100 Euro investiert haben, tut dieser Verlust jedem Investor weniger weh, als wenn ein Einzelner 10.000 Euro investiert hätte.

Das Scheitern einer Firma hat wiederum in Österreich eine ganz andere Art von Crowdinvesting auf den Plan gerufen. Genauer gesagt drohte der Konkurs der Firma Niemetz, dem Hersteller der legendären Schwedenbomben. Zu beliebt war die Kult-Süßigkeit aus geschlagenem Eiweiß und Schokolade, als dass diese einfach vom Markt verschwunden wäre, ohne ein großes digitales Echo auszulösen. Auf der Facebook-Seite »Rettet die Niemetz-Schwedenbomben« wurde zum Crowdinvesting aufgerufen: Konsumentinnen und Konsumenten organisierten sich dort, solidarisch wurden die Läden gestürmt und das österreichische kulinarische Kulturgut eingekauft.

Wir Menschen haben uns seit jeher in Gruppen gefunden. Sei es in Urzeiten in unseren Höhlen oder heute etwa bei Freizeitaktivitäten. Gemeinsames Tun und Sein ist uns etwas Vertrautes, eine gemeinschaftliche Solidarität wird von den meisten von uns als stärkend und wohltuend empfunden. Nach dieser Gesinnung online ebenfalls zu trachten, motiviert viele, sich in Gruppen, Foren und anderen Formaten zu bewegen und das Wort zu ergreifen. Noch viel mehr User sind jedoch nur Zuhörer und beobachten. Es wird zwar gescrollt, was das Zeug hält, aber kaum kommentiert und schon gar nicht werden andere motiviert.

Vielleicht inspiriert Sie folgende Sichtweise zu neuen Verbindungen und Vernetzungen: Ihr digitales Agieren mit anderen ist durch keine Grenze und Zeitzone beschränkt. Online ist ein Schulterschluss, eine gemeinsame Sache oder eine Solidaritätskundgebung jederzeit möglich und wärmt auf der anderen Seite fast ebenso das Herz wie ein persönliches aufmunterndes Schulterklopfen.

User Innovation: mündige Konsumenten reden mit

Wenn Firmen erfahren wollen, was ihre Kunden über sie und ihre Produkte denken, ist das Internet dafür ein wunderbarer Ort! Ein Erzeuger von Fahrradschlössern musste das Mitte der Nullerjahre am eigenen Leib erfahren. Ein verärgerter Kunde hatte ein Video online gestellt, in dem er demonstrierte, wie man eines der teureren Bügelschlösser der Marke mit einem Kugelschreiber öffnen konnte. Als die Nachfrage nach genau diesem einen Schloss einbrach, wurde seitens der Firma nach Gründen gesucht. YouTube war aber damals Führungskräften großer internationaler Unternehmen kaum ein Begriff, und so dauerte es einige Zeit, bis man auf die filmische »Kritik« eines ihrer Kunden aufmerksam wurde.

Leider scheuen immer noch viele Organisationen vor dem aktiven Suchen oder sogar der Aufforderung nach solch – im Kern konstruktiven – Feedback zurück: Sie befürchten Shitstorms, also das lawinenartige Auftreten negativer Kritik unzufriedener Kunden, die sich im Internet austoben, und ungewünschte mediale Aufmerksamkeit, die den Finger auf ohnehin schon wunde Stellen der Unternehmen legen könnte. Dabei bietet gerade das Feedback von Kunden die großartige Möglichkeit, Produkt oder Dienstleistung so zu verbessern, dass bestehende Kunden zufriedener sind. Das langfristige Potenzial solcher Maßnahmen ist enorm. Es kann Werbe- und Marketingmaßnahmen zwar nicht ersetzen, aber ergänzen! Weiters dient dies im digitalen Zeitalter zur immens wichtigen Imagepflege: Unzufriedene Kunden haben nämlich neben der Unternehmens-Hotline heutzutage viele öffentlichkeitswirksame Orte zur Auswahl, an dem sie sich über ein Produkt oder eine Dienstleistung beschweren können.

Wieso stößt die Beschäftigung mit den eigenen Kritikern im Internet dann auf so viel Widerstand? Warum werden hier so viele Ängste frei? Zum einen findet natürlich ein Kontrollverlust auf oberster Ebene statt. Firmenkapitäne, die intensiv damit beschäftigt sind, das Schiff der eigenen Organisation durch die raue See des Konkurrenzkampfes zu steuern, sehen es nicht wahnsinnig gern, wenn ihre heilige Marke plötzlich zum Allgemeingut von Kritik wird. Schlimm genug, wenn die Angestellten mitreden wollen, wohin das Schiff zu steuern sei. Aber jetzt auch noch die Kunden einbinden? Das Ergebnis: Kontrollverlust, der besonders an der Spitze eines Unternehmens nicht immer leicht zu verschmerzen ist. Früher war es für Firmen einfacher, zu glauben, die eigene Marke und deren Eigenschaften wären unter der Kontrolle der Firma, die das Copyright hält. Heute realisieren jedoch zunehmend mehr Organisationen, was ihre Marke wirklich ist: die Summe aller Meinungen über sie!

Das Copyright ist eben nur ein exklusives Nutzungs-, aber kein exklusives Meinungsrecht. Der wirkliche Wert einer Marke sind nicht die Eigenschaften, die sich Firmenleitung und PR-Abteilung ausgedacht haben, sondern zu einem größer werdenden (und auch im Internet sichtbaren!) Teil, was Menschen wirklich darüber denken. Wer sich als Firmenboss damit beschäftigt, was seine Kunden bewegt, gibt seiner Firma Resilienz. Wer den Kopf in den Sand steckt, unliebsame Meinungen ignoriert oder ihre Vertreter in Grund und Boden klagt, kann in einer innovativen Wirtschaft mit beschleunigten Erneuerungszyklen seine Firma oder sein Produkt kaum mehr in die richtige Richtung lenken.

Dabei bietet es viele Vorteile, die Kunden mit einzubinden: Kunden arbeiten im Gegensatz zu Meinungsforschungsinstituten nicht gegen Geld. Sie geben Lob und Kritik freiwillig und gratis ab. Menschen, die sich mit einem Produkt beschäftigen, aber nicht an deren Produktion beteiligt sind, agieren auch unvoreingenommener als solche, die einen Claim zu verteidigen haben (also die eigenen Mitarbeiter oder der Chef selbst). Sie sehen das Produkt aus der Sicht dessen, der es kauft und verwendet.

Natürlich gibt es genügend Beispiele, dass über das Internet verbreitete Kritik einer Firma wirklich schaden kann. Aber das hat meistens auch einen Grund! Beispielsweise im Fall Dave Carroll gegen United Airlines traf es zu, dass sich viele Kunden der amerikanischen Fluglinie mit Carrolls Beschwerde blendend identifizieren konnten. Sie hatten vermutlich Ähnliches erlebt. Alles begann 2008, als der kanadische Musiker mit seiner Band Sons of Maxwell mit United Airlines flog. Die Instrumente der Band, darunter Daves 3.500 Dollar teure Taylor-Gitarre, wurden für diesen Flug als Gepäck eingecheckt. Ein Mitpassagier machte Carroll bei einem Zwischenstopp darauf aufmerksam, dass ein paar Gepäckträger auf dem Rollfeld einen Gitarrenkoffer durch die Luft geschmissen hätten. Am Ziel angekommen, stellte er fest, dass der Hals seiner Gitarre gebrochen war. Dave Carroll bemühte sich neun Monate lang um Schadenersatz für seine Gitarre. Als er keinen erhielt, schrieb er einen Protestsong. Der Song »United Breaks Guitars«, auf Deutsch »United zerbricht Gitarren«, wurde zum viralen Hit auf YouTube und Dave Carroll Gast in Talkshows und Interviewpartner in zahlreichen Medienberichten. Wenn sich eine »Wahrheit« über eine Firma, wie in diesem Fall »United Airlines geht nicht gut mit deinem Gepäck um«, rasant über das Netz verbreitet, dann, weil viele Menschen insgeheim oder öffentlich diese Meinung teilen.

Konsumentenmacht via Internet tritt jedoch nicht immer für das Gute ein. In Österreich wurde während der Zeit des syrischen Flüchtlingsansturms 2015 bekannt, dass einige Supermärkte ihre Halal-Produktlinien ausbauen wollten. Online-Proteste ausländerfeindlicher Gruppen und die generell aufgeheizte Stimmung gegenüber »islamistischen« Sitten und Gebräuchen veranlassten einige Anbieter, diese Halal-Produkte wieder aus den Regalen zu nehmen.

Eine andere Art von Kundenfeedback bekam vor ein paar Jahren die österreichische Privatbahn »Westbahn«. Ein Westbahn-Kunde hatte auf der Westbahn-Facebook-Seite behauptet, in einem Zug sitzend gesehen zu haben, wie der Zugführer ein Rotsignal überfuhr. Der Kunde postete das auf der Westbahn-Seite als Kommentar. Zuerst antworteten ihm einige andere Kunden mit Informationen wie: »Das kannst du, wenn du im Zug sitzt, gar nicht beurteilen.« Oder: »Es war sicherlich noch grün, als der Zugführer losfuhr, und wurde erst rot, als dein Waggon am Signal vorbeikam.« Aber dann schaltete sich einer der Geschäftsführer der Westbahn ein. Er drohte in einem Antwortkommentar dem originalen Poster mit rechtlichen Konsequenzen bis hin zu einer Verleumdungsklage, wenn dieser weiterhin »Unwahres« über die Westbahn verbreiten würde. Der Kunde widerrief zwar, aber andere Fans der Seite nahmen die doch sehr heftige Reaktion des Geschäftsführers zum Anlass, eine kleine Kreativübung zu starten: Sie posteten im gleichen Thread wenig plausible, aber definitiv unwahre Aussagen über die Westbahn. Einer der witzigsten Kommentare war: »Die Westbahn wird von kleinen Hamstern in Laufrädern angetrieben. Klagen Sie mich!«

Was können Sie tun, um für sich selbst in ein gutes Handeln zu kommen? Paradoxerweise bietet das Internet mehr Möglichkeiten, uns zu engagieren als weniger. Wir kommen leichter mit anderen in Kontakt, auch über geografische Grenzen hinweg. Wir können unsere gemeinsamen Aktivitäten besser koordinieren. Und mit einem Klick gegen X protestieren und für Y einen Petition unterschreiben. Aber, macht uns das auch glücklich?

Der Begriff »Slacktivist« bezeichnet Menschen, die ausschließlich online politisch aktiv sind. Sie klicken jede Petition an, bleiben aber bei all ihren Aktivitäten lieber zu Hause. Das Wort setzt sich zusammen aus »Slacker«, jemand, der es sich gemütlich macht, und »Aktivismus«. Wenn wir nicht aufpassen, verwechseln wir diese Form des gemütlichen Engagements mit dem – weniger gemütlichen – tatsächlichen Aktivismus, der uns eventuell mehr abverlangt. Gemütlich daheim zu sitzen und Petitionen durchzuklicken, ist natürlich einfacher, als auf die Straße zu gehen, Flugzettel zu verteilen oder Überzeugungsgespräche zu führen.

Den Entwicklungen im digitalen Bereich wird oftmals attestiert, dass wir ihnen ausgeliefert wären. Manche meinen, nicht wir würden heutzutage die Technik kontrollieren, sondern wir würden uns ihrer Kontrolle unterwerfen müssen. Während des Lesens der vorangegangenen Seiten haben Sie hoffentlich für sich die eine oder andere von uns aufbereitete Information serviert bekommen, die Sie zu einem erstaunten Schmunzeln veranlasste und Ihnen neue Denkanstöße lieferte: Wir alle sind nämlich weiterhin am Steuer unseres Digital Lifestyles. Es bedarf neuer und kreativer Ideen, wohin wir das Schiff weiter lenken wollen. Ein Stillstand wäre in jeglicher Hinsicht – politisch, wirtschaftlich und sozial – nicht von Vorteil. Vielmehr zählt es, dass wir uns in neuen Formen und Foren gemeinsam wiederfinden. Nicht mehr nur eine Person hat als sogenannter Kapitän alleinigen Zugang zu Wissen und neuen Zugangsperspektiven, sondern eine Vielzahl an klugen Köpfen kann sich einbringen und den Kurs mitbestimmen. Bis hin zum Kundtun von Verbesserungswünschen. Das Gefühl des »Ausgeliefert-Seins« darf somit schwinden und jeder Einzelne von uns in seine eigene Selbstbestimmung kommen. Bis hin zur am besten jeden Tag aufs Neue gestellten Frage: Was wollen wir heute initiieren, das morgen anders und besser sein soll?

Safer Sex für Ihre Daten: Warum Datenschutz nicht nur vor Viren schützt

Im Jahr 2009 startete eine US-amerikanische High School eine große Digitalinitiative. Tausende Schüler im Lower Merion School District wurden mit nagelneuen Apple Notebooks ausgestattet. Die brandneuen Modelle hatten integrierte Videokameras und – von den Schülerinnen zuerst unbemerkt – ein kleines Zusatzprogramm an Bord, über das die Schulleitung die Schüler außerhalb der Schule überwachen konnte. Die Videokameras wurden benutzt, um über 50.000 Fotos von Schülern und Schülerinnen zu machen, auf vielen davon waren die Jugendlichen unbekleidet zu sehen. Das illegale Treiben der Schulleitung flog auf, als einem der Schüler als Beweis für ein außerhalb der Schule erfolgtes Fehlverhalten ein Fotobeweis vorgelegt wurde. Der Schüler erkannte, dass dieses Foto nur mit seiner eigenen Videocam zustande gekommen sein konnte und brachte den später als »WebcamGate« bekannt gewordenen Skandal ins Rollen.

Was ist eigentlich Datenschutz? Vereinfacht gesprochen, sind entgegen dem oftmaligen Glauben über Datenschutz nicht wir es, die unsere eigenen Daten schützen, sondern wir werden, durch Gesetze, davor geschützt, dass der Staat selbst oder Unternehmen mit unseren Daten Dinge anstellen, die nicht in unserem Sinne sind. Nicht wir sind also beim Datenschutz verpflichtet, unsere eigenen Daten zu schützen, sondern Dritte dürfen mit Informationen über uns – selbst wenn sie diese von uns oder anderen bekommen – gewisse Dinge nicht tun. Zum Beispiel: unsere Privatsphäre verletzen oder Daten über uns aus verschiedenen Quellen verknüpfen.

Wenn Daten unterschiedlicher Herkunft miteinander verknüpft werden, könnten andere Menschen und Institutionen Dinge über uns herausfinden, die wir eigentlich so nicht preisgeben wollen. Das Gesetz schützt uns davor, dass wir Arbeitgebern oder Ämtern allzu Privates über uns mitteilen müssen. Von Informationen über unsere sexuelle Orientierung bis hin zu Krankheiten sind bei privaten Daten die Möglichkeiten für Missbrauch enorm!

Werden wir immer mehr zu »gläsernen Menschen«? In Bereichen, in denen sich privates und öffentliches Interesse überschneiden – also zum Beispiel in der Arbeit oder beim Arzt –, ist dieses Bild vom »gläsernen Menschen« am problematischsten. Datenschutz bewahrt uns nicht davor, dass unser Ehepartner einen Privatdetektiv anheuert, um uns Untreue nachzuweisen (das wäre ein Informationensammeln von privat zu privat). Er kann uns aber zum Beispiel davor schützen, dass unser Arbeitgeber durch die Auswertung seines Zeiterfassungssystems anhand der vermehrten Zeit, die wir als Frau am WC zubringen, vor uns selbst erfährt, dass wir schwanger sind! Das bedeutet, dass selbst dann, wenn wir unsere eigenen Daten nicht gut schützen (wozu wir im Übrigen nicht verpflichtet sind), der allgemeine Datenschutz den Missbrauch unserer Daten verhindern soll.

Max Schrems, ein österreichischer Jura-Student, hat Facebook in Irland und Österreich verklagt, um ein vorhandenes Recht aus dem Datenschutz durchzusetzen. Dieses wird von Facebook als amerikanischer Firma nämlich nicht sehr ernst genommen: das Recht, über die eigenen in einem Computersystem gespeicherten Daten frei verfügen zu können. Facebook nimmt sich nicht nur weitreichende Rechte über die Informationen heraus, die wir alltäglich auf Facebook stellen. Facebook garantiert weiters nicht, dass von uns gelöschte Daten in diesem sozialen Netzwerk wirklich gelöscht werden! Teils geschieht dies aus technischen Gründen. Doch Facebook verfügt auch über den heftigen Appetit aller Datensammler, die statistische Auswertungen über große Datenmengen betreiben, und garantiert uns nicht, dass tatsächlich alle Versionen unserer Bilder, Videos und Texte aus dem Social Network verschwinden. Der juristische Streit Facebook vs. Facebook-Nutzer bewegt sich im Moment in eher abstrakten rechtlichen Bereichen der Zuständigkeit und der Kompetenzen europäischer Gerichte, könnte aber entscheidend sein, wenn es in Zukunft immer mehr globale Services gibt, die sich trotz ihres grenzüberschreitenden Agierens an einzelne nationale Gesetze halten müssen.

Was können Sie also tun, um sich zu schützen? Zuallererst müssen Sie sich damit auseinandersetzen, wie viele der Informationen, die im Netz über Sie auffindbar sind, von Ihnen selbst stammen könnten. Wer täglich unter seinem echten Namen twittert, sein Facebook-Profil regelmäßig befüllt und auf den Webseiten der Firmen oder Initiativen, für die er arbeitet, mit seiner Biografie aufscheint, über den spuckt Google natürlich viele Suchergebnisse aus.

Sie dürfen sich aber umgekehrt fragen: Kann ich es mir leisten, dass man nichts über mich findet? Jobsuchende, vor allem, wenn es sich um einen Beruf handelt, in dem Computerkenntnisse vorausgesetzt werden oder es sogar eine IT-Stelle ist, könnten für Irritation sorgen, wenn das Personalbüro gar nichts über sie online erfahren kann. Personalisten könnten sich die Frage stellen: Ist diese Person überhaupt mit dem Internet vertraut, wenn das Internet nichts über sie findet? Oder schlimmer: Was hat diese Person zu verbergen, wenn sie gar keine Spuren im Internet hinterlässt? Für viele Menschen ist deshalb eine »gepflegte« Online-Präsenz besser als gar keine. Man nennt dieses Pflegen des eigenen öffentlichen Bildes »Reputation Management«.

Das meiste, das sich – legal – online über Sie finden lässt, wird über Ihre Aktivität in sozialen Netzwerken oder auf normalen Firmenwebseiten generiert. Jedes Mal, wenn Sie selbst etwas online stellen (ja, WhatsApp und Snapchat sind auch Online-Dienste), füttern sie diesen Informationsberg.

Wenn Sie tatsächlich nichts über sich selbst im Internet

finden wollen, aber trotzdem zum Beispiel soziale Netze – lesend – nutzen wollen, melden Sie sich bei Foren oder bei Twitter mit einem Pseudonym an. Sogar Facebook, wo eigentlich eine Klarnamenpflicht herrscht, kann von Ihnen ausgetrickst werden. Wenn Sie beispielsweise einen Namen verwenden, der sehr häufig auftritt wie Peter Huber oder Susi Mayer, und mit diesem Namen einen Google-E-Mail-Account anlegen und in weiterer Folge mit dieser E-Mail-Adresse einen Facebook-Account erstellen, wird mit ziemlicher Sicherheit niemand so leicht Ihre wahre Identität feststellen können.

Facebook hat nämlich nur zwei Möglichkeiten, Sie zu entlarven: Ihr Name ist zu auffällig und offensichtlich falsch (»Prinzessin Erbse« oder »Prinz Supertyp« klingen ein wenig zu originell). Oder, Sie posten Dinge, die andere Facebook-Nutzer dazu bringen, Sie bei Facebook zu melden. Solange Sie einen Fake-Account nur verwenden, um die Facebook-Nachrichten anderer zu lesen, vielleicht noch ein bisschen – nett – zu kommentieren und Sie niemanden verärgern oder Spams verbreiten, sind Sie fast anonym und auf der sicheren Seite.

Wenn Sie hingegen lieber Reputation Management betreiben wollen, statt sich zu verstecken, sollten Sie sich überlegen: Was poste ich? Wie stelle ich die Sicherheitseinstellungen ein? Viele Menschen wünschen sich: Je weniger persönliche Information über mich da draußen ist, desto besser. Wenn Sie ähnlich denken und trotzdem in sozialen Netzwerken mitmachen wollen, dann teilen Sie Zeitungsartikel, Sinnsprüche und Cartoons, die Ihnen gefallen. Diese sagen zwar auch etwas über Sie aus – kontextsensible Werbung könnte diese Hinweise zum Beispiel auswerten –, aber Ihnen persönlich ist vermutlich trotzdem wohler, wenn diese harmlosen Informationen irrtümlicherweise an die Öffentlichkeit geraten als Ihre privaten Party- oder Kinderfotos.

Transparent – transparenter – Open Government?

Firmenbosse kontrollieren die Häufigkeit und Dauer der Toilettegänge ihrer Mitarbeiterinnen und wissen vor ihnen, dass diese schwanger sind. Dieses bereits genannten Beispiel und ähnliche kennen viele von uns. Doch nicht nur Firmen sammeln unsere Daten. Kommunen, Städte und der Staat häufen in der Erledigung von Verwaltungsaufgaben eine Riesenmenge an Daten an.

Viele dieser Daten sind personenbezogen (z.B. Meldeblatt), andere sind es nicht (z.B. die Information, wo in der Stadt öffentliche Toiletten sind). Eine dritte Gruppe an Daten ist zwar ursprünglich personenbezogen, aber in statistischer Form nicht mehr zuordenbar (zum Beispiel wie viele Kinder es in einem Bezirk gibt). Moderne Verwaltungen teilen diese Daten mit ihren Bürgern, statt sie geheim zu halten. Für viele mündige Bürger moderner Demokratien ist die Bereitschaft, eine Kommune an den bisher geheim erhobenen und verwalteten Daten teilhaben zu lassen, mehr als ein nettes Gimmick: Es ist ein Gradmesser für die Modernität und die Transparenz einer Kommune. Unter Barack Obama wurde in den Vereinigten Staaten eine eigene Plattform für U.S.A.-weite Open-Data-Anwendungen geschaffen. Die meisten europäischen Länder und unzählige Städte betreiben inzwischen Open-Government-Data-Plattformen.

Alle paar Jahre wählen zu gehen und dafür von einer intransparenten Verwaltung die Glühbirnen in der Straßenbeleuchtung hineingeschraubt zu bekommen, ist vielen Menschen nicht mehr gut genug. Das »zivilgesellschaftliche« Engagement ist im Trend. Jüngstes Beispiel ist die sogenannte »Willkommenskultur« des Jahres 2015, in der Tausende freiwillige Helfer in spontanen Organisationen an europäischen Bahnhöfen und Grenzen Flüchtlinge in Empfang nahmen, versorgten, einkleideten und bei der Weiterreise begleiteten, während Regierungen und ihre Vertreter eher hilflos und überfordert dabei zusahen.

Mit kommunalen Daten kann man interessante Dinge tun: Journalismus betreiben, Apps programmieren, interessante Schlüsse ziehen und Bürgerinitiativen starten. Tatsächlich reicht die Forderung zur Nutzung kommunaler Daten in Zeiten der frühen Grünbewegung zurück. Heute sind es vorwiegend statistische Daten, die die Kommunen strukturiert zur Verfügung stellen: Stadtpläne, Verzeichnisse von Sondermüllstellen und Toiletten bis hin zu genehmigten Veranstaltungsorten.

Eine der neuesten politischen Bewegungen – die Piratenpartei – denkt Open Government noch einen Schritt weiter: Nicht nur von der Verwaltung erhobene Daten gehen uns alle etwas an, sondern auch politische Entscheidungen.

Mit einem Modell der »Liquid Democracy«, der flüssigen Demokratie, wollen sie die Prozesse der Gesetzeswerdung vergemeinschaften. Jede Bürgerin und jeder Bürger hat ein persönliches Stimmrecht (anders als bei der repräsentativen Demokratie, wo man mit seiner Stimme das eigene Stimmrecht an eine Liste oder Person überträgt) und kann diese Stimme entweder selbst nutzen oder jemandem andern (temporär) übertragen.

Modelle wie Liquid Democracy stecken noch in den Kinderschuhen. Sie sind interessante Gedanken und Softwareexperimente, aber bei Weitem noch nicht ausgereift.

Doch Transparenz ist gefragt: Der Staat sammelt Daten über uns und unsere Umgebung – über seine Verwaltung. Diese Daten (statistische, nicht personenbezogene) wollen von uns genutzt werden: Das verstehen wir heute unter Open Government Data.

Auf der anderen Seite ist der Staat aber nicht nur gütiger Datenverteiler. Er ist auch misstrauischer Datensammler. Ja, und wieder sind es unsere Daten, die gesammelt werden. Unter dem Vorwand des Terrorismus werden im Moment am laufenden Band Gesetze eingeführt und verschärft, die unsere Bürgerrechte einschränken.

Die Vorratsdatenspeicherung (VDS) stellt alle Bürgerinnen und Bürger unter Generalverdacht. Der alte Ablauf – Bürger steht im Verdacht, eine Straftat begangen zu haben, und dann wird über ihn oder sie recherchiert – gilt nicht mehr. Stattdessen wird präventiv Information gesammelt. Gerät jemand unter Verdacht, werden die zuvor gesammelten Daten gesichtet. Natürlich könnten solche Daten auch auf illegalem Weg eingeholt und sogar missbräuchlich verwendet werden. Im schlimmsten Fall können uns sogar Daten untergejubelt werden, die uns fälschlicherweise belasten. Das alles ist auch in der analogen Welt möglich, aber im digitalen Raum schneller und kann auch als Werkzeug gegen eine große Gruppe an Menschen eingesetzt werden.

Auch im öffentlichen Raum ist die Überwachung angekommen: CCTV, öffentliche Videoüberwachungen, wird immer mehr zur Norm. Die potenziell positiven Aspekte dieser totalen Überwachung des öffentlichen Raumes haben inzwischen auch in viele Krimis Eingang gefunden. Wenn eine Straftat begangen wird, werden alle Kameraaufzeichnungen ausgewertet. In England hat vor ein paar Jahren eine Musikband die Tatsache ausgenutzt, dass laut Gesetz alle privaten Videoaufzeichnungen einer Person an diese Person ausgefolgt werden müssen. Die Band baute ihr Equipment kurzerhand vor öffentlichen Videokameras auf. Spielte ihr Lied und forderte dann das Video mit ihrem Auftritt vom jeweiligen Betreiber der Kamera ein. Zusammengeschnitten aus vielen solchen Auftritten ergaben die Videobänder ein ebenso originelles wie gruseliges Musikvideo.

Die Gegner der Videoüberwachung sehen im permanenten Aufzeichnen unserer Handlungen im öffentlichen Raum eine Verletzung der Privatsphäre. Die Befürworter verweisen auf ein subjektiv höheres Sicherheitsgefühl – zum Beispiel beim U-Bahn-Fahren in der Nacht oder über beim Überqueren eines menschenleeren, öffentlichen Platzes. Dann wäre man – digital gesehen – nie allein. Diese Sichtweise ruft wie gesagt Pro und Contra auf den Plan. Wo es hingegen nur ein klares Pro gibt, sind die Möglichkeiten der digitalen Bürgerbewegungen.

Bürgerengagement und Bürgerjournalismus

Das Magazin »stern« lädt unter augenzeuge.de User ein, aktuelle, journalistische Nachrichtenfotos hochzuladen, und bei »Bild« sichten angeblich bis zu vierzehn Mitarbeiter Fotos und Videos, die eingeschickt oder hochgeladen werden. Mit einigen Hundert Euro Honorar wird ein Leserreporter-Foto belohnt. Das Internet bietet uns als Einzelnen unzählige Möglichkeiten, auf das gesellschaftliche Geschehen Einfluss zu nehmen, z.B. indem mehr Menschen über Ereignisse berichten (und nicht warten müssen, dass sich Journalisten für ein Geschehen interessieren) oder wir uns auch für Themen an weit entfernten Orten engagieren können. Der sogenannte Bürgerjournalismus und die Möglichkeiten der Vernetzung und Organisation über das Netz sind die Eckpfeiler dieses Engagements.

Die Schattenseiten dieser Möglichkeiten gibt es natürlich auch: Im Februar 2016 ging die Geschichte eines syrischen Flüchtlings durch das Netz, der angeblich an hohem Fieber und Herzversagen gestorben war, während er vor dem Berliner Flüchtlingsamt Lageso tagelang angestanden hatte. Aktivisten und Online-Medien verbreiteten die Geschichte rasant, die auf der Aussage eines freiwilligen Flüchtlingshelfers beruhte. Schlagzeilen wie »Syrischer Flüchtling stirbt in Berlin« (n-tv), ›Moabit hilft!‹ meldet Tod von Flüchtling am Lageso« (Welt) und »Tod eines kranken Flüchtlings am Lageso in Berlin« (FAZ) klangen plausibel und sorgten für die rasche Ausbreitung dieses unbestätigten Gerüchts in sozialen Netzwerken. Viele Menschen, die zuvor Gerüchte in die Welt setzende rechte Ausländerfeinde angeprangert hatten, teilten nun ebenfalls ein Gerücht als wahre Geschichte. Am nächsten Tag machte der Flüchtlingshelfer bei der Polizei die Aussage, dass er den toten Flüchtling nur erfunden habe. Warum, weiß man bis heute nicht. Wollte sich der Mann wichtigmachen? Vielleicht im Zorn oder in seiner eigenen Überlastung?

Daraufhin wurde in den Medien vorsichtig zurückgerudert. Der »Spiegel« titelte zuerst mit »Lageso in Berlin: Den toten Flüchtling gibt es laut Polizei nicht«, änderte diese Schlagzeile aber dann auf »Angeblicher Todesfall am Lageso in Berlin: ›Alles frei erfunden‹«. Der Aktivist, der die Geschichte erfunden hatte, wurde zwar von der Polizei verhört, die aufgrund dessen bekanntgab, dass die Geschichte nicht wahr sei. Der Erfinder verschwand danach spurlos aus der Öffentlichkeit und aus den Medien.

Weltweit werden diese Möglichkeiten von Bürgerinitiativen genauso genutzt wie von Privatpersonen. Clay Shirky beschreibt in ihrem Buch »Here Comes Everybody: The Power of Organizing Without Organizations« die Geschichte der New Yorkerin Ivanna, die im Jahr 2006 ihr Mobiltelefon auf der Rückbank eines Taxis vergessen hatte. Das Telefon, ein frühes Smartphone mit Kamera, Bildschirm und automatischer Speicherung auf einem Cloudserver, aber leider ohne Passwortschutz, wurde von einem jungen Mädchen namens Sasha gefunden und benutzt. Ivanna erfuhr von der neuen Benutzerin über die automatisch angelegten Back-ups auf ihrem Cloudserver: Selfies der neuen Handynutzerin, Adressen und Telefonnummer ihrer Freunde sowie ihre eigene E-Mail-Adresse tauchten auf dem Cloudserver auf, da sie die Back-up-Funktion nicht abgeschalten hatte. Über deren E-Mail-Adresse nahm Ivanna mit ihr Kontakt auf, aber das

Mädchen wollte das Telefon nicht zurückgeben. Ihr Bruder habe es in einem Taxi gefunden und ihr geschenkt, meinte Sasha. Ivanna habe sicher genug Geld, sich ein neues Telefon zu kaufen. Nach einigem Hin und Her – und ein paar Beleidigungen durch Sasha – gab Ivanna es auf, mit Sasha zu kommunizieren, und bat einen Freund, eine Webseite zu erstellen. Sashas E-Mail-Adresse und Bild wurden auf der Seite veröffentlicht. Die Idee hinter der Webseite war, die ganze Geschichte zu erzählen und Sasha eine Lektion im Sinne von »Es gehört sich einfach, Menschen einen verlorenen Gegenstand zurückzugeben« zu erteilen.

Die Seite verbreitete sich durchs Netz. Heutige Nutzer von Social Media Sites werden sicher vermuten, dass sich Sasha nun mit einem Shitstorm konfrontiert sah. Aber stattdessen beteiligten sich zuerst einmal völlig Fremde an der Suche nach dem Telefon, indem sie weitere Informationen über Sasha recherchierten. Menschen begannen, Ivanna mit Informationen zu versorgen, und die Informationen wurden als Updates auch auf die Webseite gestellt.

Zuerst fanden die Hobbydetektive eine MySpace-Seite, auf der Bilder von Sasha und ihrem Freund abgebildet waren. Am Nachmittag des ersten Tages meldete sich sogar die New Yorker Polizei und erklärte Ivanna, wie sie eine polizeiliche Meldung zum Verlust ihres Telefons tätigen könnte. Ein Mann namens Luis nahm mit Ivanna Kontakt auf, er erklärte, Sashas Bruder und ein Mitglied der Militärpolizei zu sein. Aber statt seine Schwester zu überzeugen, das gefundene Telefon zurückzugeben, behauptete er, Sasha hätte das Telefon vom Taxifahrer verkauft bekommen, und drohte mit Gewalt, falls Ivanna nicht aufhören würde, Sasha zu »belästigen«.

Dann wurde die Seite viral!

Viralität ist keine mystische Funktion des Internets. Sie beschreibt einfach nur ein Stück Information, das sich – aus welchem Grund auch immer – rasant über das Internet ausbreitet. Gründe für eine solche Ausbreitung gibt es viele. In Zeiten vor massenhaft genutzten Social Networks wie Facebook oder Twitter waren es vor allem kollaborative News-Webseiten, die solche viralen Effekte am Netz möglich machten. Auf solchen Webseiten können Nutzer andere interessante Webseiten vorschlagen und User diese Seiten mit »interessant« oder »nicht interessant« bewerten. Nur Seiten mit besonders vielen »Interessant«-Bewertungen schaffen es auf die erste Seite. Alle Webseiten, die auf der ersten Seite angezeigt werden, bekommen die Aufmerksamkeit vieler Nutzer und verbreiten sich dadurch über das Netz – und werden »viral«. Eine dieser Websites, Digg, brachte die Story auf der Startseite und Millionen von Digg-Nutzern schauten auf Ivannas Webseite vorbei. Als das passierte, bekam der Freund, der Ivannas Webseite aufgesetzt hatte, bis zu zehn E-Mails pro Minute von völlig Fremden, die Hilfe anboten oder sich nach dem Stand der Recherchen erkundigten.

Ivannas Webseite generierte mehr und mehr Aufmerksamkeit. Bald war es dem Webmaster nicht mehr möglich, auf alles persönlich zu reagieren. Der Seite wurde eine Diskussionsplattform hinzugefügt, auf der Interessierte miteinander Nachrichten austauschen konnten. Das Interesse war jedoch so groß, dass die ersten beiden Forensysteme dem Andrang der potenziellen Nutzer nicht gewachsen waren. Erst das dritte Service war stark genug, nicht sofort zu crashen. Ivannas Seite wurde mehrmals täglich mit neuen Informationen über Sasha upgedated: der Name von Sashas Freund, ihre Wohnadresse und (sich widersprechende) Aussagen ihrer Mutter und ihres Bruders, wie das Telefon in ihren Besitz gekommen war. Gleichzeitig begannen sich auch die Medien für die Geschichte zu interessieren.

Ursprünglich hatte die New Yorker Polizei das Telefon als »verloren« klassifiziert. Anders als bei gestohlenen Telefonen war die Polizei dadurch nicht verpflichtet, der Sache nachzugehen. Aber nach zehn Tagen Internet- und Medienhype um Ivannas Webseite hatte die Polizei keine andere Möglichkeit mehr, als Sasha festzunehmen und Ivanna ihr Telefon zurückzugeben.

Spektakuläre Geschichten wie diese passieren (und werden dokumentiert), wenn die Technologie und die Art, sie zu benutzen, neu ist. Inzwischen sind solche Möglichkeiten, die Ivanna und ihr Webmaster-Freund benutzt haben, in unser aller Hand. Wir alle können solche Webseiten starten, unsere Online-Freunde als Hobbydetektive rekrutieren und Informationen aus Cloudservices auswerten, um unser Mobiltelefon ausfindig zu machen.

Solche Geschichten wirken zwar im Einzelnen nicht mehr so spektakulär, dafür werden sie jeden Tag mehr und mehr genutzt. Demonstrationsteilnehmer filmen Auseinandersetzungen zwischen Polizisten und Demonstranten oder zufällig Vorbeikommende halten bildlich fest, wie ein Polizist einen Menschen misshandelt oder sogar erschießt. Flüchtlingshelfer organisieren sich und ihre Hilfsgüter über Social Media. Konsumenten beschweren sich – nach erfolgloser telefonischer Intervention – online über ein Produkt oder ein Service und bekommen einen Ersatz. Hunde und Katzen werden im Internet gesucht und gefunden.

Für den Einzelnen bietet das Internet die Möglichkeit, das persönliche Nicht-Wegschauen zu einem kollektiven Ereignis zu machen. Über Live-Video-Plattformen wie Periscope, Twitter, Facebook oder YouTube können Beobachtungen in Echtzeit geteilt werden. Dabei hat jeder von uns natürlich die gleiche Verantwortung wie journalistische Medien. Inhalte sollten überprüft werden. Erfundenes und Falschmeldungen sollten nicht verbreitet werden. Uns für andere zu engagieren und über dieses Engagement mit anderen zu vernetzen, das können wir dank des Internets heute viel besser als noch vor 20 Jahren.

Gutes tun: gesellschaftliche Aktivitäten im Netz

Neue Medien ziehen Menschen an, die sich ausdrücken wollen und im Mainstream herkömmlicher Kommunikationskanäle keine Möglichkeiten dazu finden. Eine der Triebfedern für sie ist, wie bereits beschrieben, die massenhafte Verbreitung von Büchern nach der Erfindung des Buchdrucks, also die Möglichkeit, Texte zu drucken, die dem religiösen Establishment der damaligen Zeit ein Dorn im Auge waren. Jahrhundertelang hatten Klöster die Vervielfältigung von Texten monopolisiert. Bücher, die Herrschenden nicht genehm waren, wurden einfach nicht abgeschrieben. Durch den Buchdruck gelangte jedoch die Möglichkeit zur Vervielfältigung in die Hände von Laien. Etablierte Institutionen sehen traditionell oft keinen Grund, neue Technologien zu nutzen. Manchmal werten sie diese bewusst als »gefährlich« oder »zivilisationszersetzend« ab, bekämpfen sie oder warten, bis Themen »vorbeigehen«. Selten begreifen sie den Einfluss, den neue Medien auf die gesamte Medienlandschaft haben werden. Das war bei der Erfindung des Buchdrucks nicht anders als heutzutage bei der Nutzung des Internets. Druckereien sind nicht zuerst in Klöstern entstanden, die ersten Online-Medien waren nicht die etablierten Papierzeitungen.

Neue junge Bewegungen haben hingegen oft die notwendige Motivation und stellen sich konstruktive Fragen: Wie erreichen wir unser Publikum, wenn die Wege, die Etablierte nutzen, versperrt sind? Wie können wir eine neue Technologie kreativ einsetzen, um unser Publikum zu erweitern?

Social Media erlaubt – im Gegensatz zu traditionellen Massenmedien – nicht nur das rasche Verteilen von Information, sondern auch die Organisation von allen an Aktivität Interessierten, ohne dafür aus dem Kommunikationsmedium aussteigen zu müssen. Rufen Initiativen zu einer Aktivität über ein traditionelles Massenmedium (Fernsehen, Zeitung, Radio) auf, so wollen diese Menschen dazu bringen, mit ihnen über ein anderes Medium in Kontakt zu treten, wie z.B. bei einer Hotline anzurufen, einen Brief zu senden oder sich an einem vereinbarten, verlautbarten Treffpunkt für Hilfsdienste einzufinden.

DIGITAL TRISTESSE – Katrin

Sprachbarrieren können nicht nur auf Reisen auftreten. Als meine Eltern eine syrische Flüchtlingsfamilie aufnahmen, halfen sich anfangs beide Seiten mit ein wenig Englisch über die Runden. Bürokratisches konnte gemeinsam gut gelöst werden. Doch bis der erste Deutschkurs begann, war es schwierig, aktuelle politische Entwicklungen aus den österreichischen Tageszeitungen für die beiden Erwachsenen inhaltlich zu übersetzen.

DIGITAL HAPPINESS – Katrin

Unser lieber und versierter Nachbar wusste schnell Weiterhilfe. Er zeigte meinen Eltern »Google Übersetzer«: Man hält die iPad-Kamera auf einen in Deutsch verfassten Zeitungsartikel und bekommt diesen sekundenschnell in Arabisch übersetzt. Mein Vater, der während seines Technikstudiums bereits Arabisch lernte, weil ihn ferne Länder und der Orient faszinierten, war begeistert. Was heutzutage alles möglich ist, war zu seiner Studentenzeit unvorstellbar.

Durch Online-Medien können etwa Aktivisten über das Medium, in dem eine solche Aktivität angekündigt wird, direkt mit den an dieser Aktivität Interessierten kommunizieren. So beschreibt Clay Shirky bereits im Jahr 2008 in »Here Comes Everybody: The Power of Organizing Without Organizations« in der Theorie das Szenario, das 2015 auf Wiens Bahnhöfen gelebte Praxis wurde: Selbstorganisation freiwilliger Helfer in der Flüchtlingsbetreuung am Wiener Hauptbahnhof angesichts einer unwilligen oder zumindest schwer überforderten Verwaltung. Shirkys Buch beantwortet die Frage, was passiert, wenn man Menschen ein Werkzeug in die Hand gibt, um gemeinsam Dinge zu erledigen – ohne die dazu normalerweise nötige Organisationsstruktur. Fazit: Internettools wie Blogs, Twitter oder Flickr und YouTube ermöglichen es lose miteinander verbundenen Gruppen, zu kommunizieren und zu handeln, wie dies zuvor nur finanziell gut etablierten Institutionen möglich war. Shirky argumentierte, dass Social Tools von spontanen Gruppen vor allem für solche Aufgaben erfolgreich eingesetzt werden, deren Kosten für eine Organisation höher wären als ihr potenzieller Wert für diese Organisation. Dadurch wird es faktisch »billiger«, sich zu organisieren. Man braucht nicht mehr jahrelang versuchen, Geld aufzustellen und an einer hierarchischen Organisationsstruktur zu feilen, bevor man eine schlagkräftige Organisation hat, sondern diese kann quasi nebenbei, während man über das Internet die To-dos organisiert, mitentstehen.

Kritiker von Shirkys Theorien verwiesen zum Erscheinungszeitpunkt im Jahr 2008 auf den (damals logischen) Ausschluss von älteren und armen Menschen. Heutzutage aber sind Senioren das letzte verbleibende Wachstumssegment in Social Media. Beispiele von afrikanischen Staaten, in denen Datendienste über das Handy eine immer größere Zahl an Menschen an das Internet anschließen, beweisen, dass es nur eine Frage der Zeit ist, bis der Zugang zur Ressource »Internet« dem Zugang zur Ressource »sauberes Trinkwasser« gleichgestellt sein wird. Scherzbolde revidieren bereits die Maslowsche Bedürfnispyramide:

Statt »Essen und Trinken« – so postulieren sie – werden bald »WLAN und Internet« die Basis unserer Bedürfnisse bilden.

Die türkisch-kanadische Sozialwissenschaftlerin Zeynep Tufekci erzählte 2011 auf der Public-Square-Squared-Konferenz des Ars-Electronica-Festivals in Linz von einem anderen Benefit loser Gruppen und ihrer Online-Kommunikation. In einer Befragung von ägyptischen Demonstranten wollte sie herausfinden, ob und wie soziale Netzwerke wie Twitter oder Facebook zum Erfolg des Arabischen Frühlings beigetragen hätten. Inwieweit waren diese dafür verantwortlich? Während die traditionellen Medien nicht müde wurden, die Wichtigkeit von Social Media für die Organisation der Demonstrationen zu betonen, kam die Wissenschaftlerin bei ihren Umfragen unter den Demonstrierenden zu einem anderen Ergebnis. Das Ergebnis ihrer Forschungen: Soziale Netze waren vor allem am Anfang einer Bewegung ein wichtiger Faktor in der Mobilisierung. Noch bevor man Hunderttausende auf den ägyptischen Plätzen im TV sehen konnte, gab es zum Beispiel Gruppen auf Facebook, wo potenzielle Demonstranten sehen konnten, wie viele andere ebenfalls zu einem Demonstrationsort kommen würden. Ganz nach dem Motto »The more the merrier« – aber mit einer potenziell lebensrettenden Komponente: Tausende Retweets einer Demonstrationsaufforderung und Zehntausende Teilnehmer bei einem Facebook-Event waren und sind eine gute Möglichkeit, das persönliche Risiko zu minimieren. Auf eine Demonstration mit ein paar Dutzend Teilnehmern zu gehen, mit der realen Chance in einem Land auf einer kleinen Demonstration festgenommen und verschleppt zu werden, ist ein höheres Risiko als eine Demonstration mit voraussichtlich Tausenden Teilnehmern. In einer kleinen Gruppe von der Polizei verhaftet zu werden und in einem Geheimgefängnis zu verschwinden, erschien den potenziell Demonstrierenden verständlicherweise riskanter als an einer großen, unüberschaubaren Massendemonstration teilzunehmen. Dieser »Schwarmeffekt« der Demoankündigungen über Social Media konnte wiederum die mediale Berichterstattung ermöglichen, die die meisten Teilnehmer über das Fernsehen brachte. So hielten die Proteste auch nach der Sperre von Facebook und Twitter unvermittelt an. Ab dem Zeitpunkt, an dem traditionelle Medien das Geschehen laufend beobachteten und darüber berichteten, nahm die Bedeutung der sozialen Medien wieder ab. Massenmedien wie das Fernsehen wurden nun als Informationsquelle und als Motivator für die Teilnahme genannt.

Wikileaks ist ein Beispiel aus einem Bereich, wo das Netz und seine Möglichkeiten, Journalismus neu zu erdenken, zur Hochform aufgelaufen sind. Im Jahr 2006 gegründet, sieht sich Wikileaks als eine internationale, aufdeckungsjournalistische Non-Profit-Organisation, die es sich zur Aufgabe gestellt hat, von Regierungen und Organisationen als geheim eingestufte und von (zumeist anonymen) Informanten zugetragene (»geleakte«) Informationen zu veröffentlichen.

Wikileaks sah seine Aufgabe zunächst vor allem darin, eine immense Fülle von Information zur Verfügung zu stellen – unfassbare 1,4 Millionen Dokumente waren es gleich im ersten Jahr. Journalisten und NGOs, Einzelpersonen und Gruppierungen durchforsteten diese Dokumente nach Enthüllungen: Nicht alle waren so aufmerksamkeitsstark wie die Inhalte der diplomatischen Berichte der USA, die 2010 unter dem Namen »Cablegate« weltweit in die Medien kamen. In diesen Depeschen zeichneten amerikanische Diplomaten ein wenig schmeichelhaftes Bild von ihren Kontakten. Bundeskanzlerin Merkel wurde als »wenig kreativ« und »aus Teflon« bezeichnet, der damalige Palästinenserpräsident Mahmud Abbas als »schwach, korrupt und nicht mehr relevant«. Neben diplomatischen Verstimmungen hatten die Informationen aus Cablegate auch die

Auswirkung, dass einige korrupte Politiker angeklagt und verurteilt wurden.

Der aufsehenerregendste Fall eines Leaks, das über Wikileaks verbreitet wurde, war aber sicherlich das Video des tödlichen Angriffs von US-Militärs auf Zivilisten in Afghanistan aus dem Jahr 2010. Aus einem Apache-Helikopter heraus hatten Soldaten in Bagdad eine Gruppe von Zivilisten angegriffen und unter anderem einen Reuters-Journalisten getötet. Im Video ist zu hören, wie einer der Soldaten im Hubschrauber behauptet, von der Gruppe der später Getöteten beschossen zu werden, die parallele Videoaufzeichnung zeigt aber nur eine Gruppe herumstehender unbewaffneter Männer. Informantin für diese und viele andere Dokumente über den Einsatz der Amerikaner in Afghanistan war die ehemalige Soldatin Chelsea (ehemals Bradley) Manning.

Der Zweck von Wikileaks ist es, Journalisten und Interessierten in einer weltweit verteilten losen Organisation möglich zu machen, viele Dokumente nach relevanten Informationen zu durchsuchen. Spätestens seit den Versuchen der USA, Julian Assange, einen der Wikileaks-Gründer, festzunehmen (nach zahlreichen Veröffentlichungen von Geheimdokumenten über den Afghanistan- und Irakkrieg), bekam die Organisation auch eine Menge Aufmerksamkeit seitens der traditionellen Medien.

Wikileaks steht für eine neue Kultur der Kontrolle von Organisationen und Regierungen und kann damit ein wichtiger Faktor sein, Korruption aufzuklären und Regierungen transparenter und demokratischer zu machen. Verteilte Organisation, Information und die Möglichkeit der massenhaften Publikation von Daten sind das Ziel und die selbstgestellte Aufgabe von solchen Plattformen. Aber auch Wikileaks veröffentlicht nicht alles. Es wird versucht, bei als wichtig eingestuften Leaks besonders Informationen, die das Leben von Menschen gefährden könnten (z.B. indem Namen von Informanten preisgegeben werden), zurückzuhalten. Julian

Assange räumte aber ein, dass das natürlich mit einem kleinen Team an Freiwilligen nicht wirklich umzusetzen und zu garantieren sei. Für ihn wiege aber das Potenzial, Menschenleben zu retten, die (bislang nur theoretische) Gefahr auf, Unschuldige zu treffen.

Wikileaks scheint keinen unmittelbaren Nutzen für unser Leben im Hier und Jetzt zu haben. Aber ganz sicher kann das niemand wissen. Dokumente auf Wikileaks könnten zum Beispiel zukünftig dazu beitragen, einen Umweltskandal in unserem Heimatort aufzudecken. Alle paar Jahre wählen zu gehen, sollte das Mindeste sein, was wir für unsere Demokratie tun. Weiteren Aufdeckungsjournalismus und Korruptionsbekämpfung zu unterstützen, und sei es mit einer kleinen Spende auf Plattformen wie Wikileaks oder Democracy Watch, kann mehr als das Gewissen beruhigen. Durch das Internet können wir am Erfolg einer solchen Spende selbst teilhaben, in Echtzeit, und über die Medien ist es ersichtlich, was wir bewirken.

Stay tuned – weiterhin!

Indem Sie dieses Buch gelesen haben, sich weiterbilden und sich neues Wissen für Ihre digitalen Interaktionen angeeignet haben, sind Sie höchstwahrscheinlich einen großen Schritt vorangekommen. Wir, die Autorinnen, hatten die Intention, für Sie einen informativen und leicht verständlichen Reiseführer in die Online-Welt zu verfassen; und hoffen sehr, dass dieser Ihren ersten Wissensdurst gestillt hat.

Wir selbst haben dabei ebenfalls viel gelernt. Von der Idee zu diesem Buch bis zur Fertigstellung wuchsen unsere Neugier und nochmals unser Wissen an diesem wichtigen Thema, das uns alle beschäftigt und auch noch länger auf die eine oder andere Art in seinen Bann ziehen wird.

Wir möchten in jedem Fall, dass Sie sich Ihre eigene Vorstellung von Ihrem ganz persönlichen digitalen Glück machen, und haben Ihnen hoffentlich – und mit großer Freude – eine Menge an Inspirationen dafür geliefert. Wir denken, jeder von uns schätzt das Gefühl, handlungsfähig und versiert zu sein, also auch Sie. Niemand ist dafür zu alt oder gar ungeeignet. Wie bei anderem auch ist beim Lernen der digitalen neuen Möglichkeiten nur das richtige Tempo wichtig.

Sie sind nun voller Tatendrang und wollen mit Abenteuerlust mehr ausprobieren und virtuell erfahren? Nichts hält Sie davon ab. Dutzende Themen haben wir Ihnen nähergebracht, weitere Aspekte dazu und Hunderte neue Themen warten noch da draußen auf Sie. Ganz im Gegenteil, wir ermuntern Sie, dass Sie sich selbst eine neue Schulstunde verpassen und in den Kalender Ihre »Digital-Happiness«-Einheit eintragen. Selbst von Ihnen kreiert, um Ihrer eigenen Online-Nutzung zu dienen. Solche und ähnliche Ideen und Zeitfenster führen individuell für Sie angepasst vollkommen natürlich zu Ihrer digitalen Selbstbestimmung. Es bedarf einzig und allein Ihrer eigenen Entscheidung, dies selbst als wichtig im Leben zu erachten.

Wir wünschen Ihnen »Bon Voyage« auf Ihren selbstbestimmten Reisen durch digitale Welten.

Ihre

Katrin Zita	und	*Lena Doppel*
www.katrinzita.com		www.lenadoppel.com

PS: Ein Quellenverzeichnis zu diesem Buch finden Sie unter: www.digitalhappiness.zone/quellenverzeichnis

Literaturverzeichnis

Allen, David: Wie ich die Dinge geregelt kriege: Selbstmanagement für den Alltag. Piper. 2015.

André, Christophe: Alles über Angst. Wie Ängste entstehen und wie man sie überwinden kann. Kreuz Verlag. 2009. Bernoff, Josh/Li, Charlene: Groundswell, Expanded and Revised Edition: Winning in a World Transformed by Social Technologies. Harvard Business School Press. 2011.

Bund, Kerstin: Glück schlägt Geld. Generation Y: Was wir wirklich wollen. Murmann. 2014.

Brynjolfsson, Erik/McAfee, Andrew: The Second Machine Age: Work, Progress, and Prosperity in a Time of Brilliant Technologies. Norton & Company. 2016.

Chatfield, Tom: How to Thrive in the Digital Age. MacMillian. 2012.

Covey, Stephen R.: The 7 Habits of Highly Effective People. Simon & Schuster. 2013.

Dawkins, Richard: Das egoistische Gen. Springer Berlin Heidelberg. 1976.

Johnson, Steven: Everything Bad is Good for You. How Today's Popular Culture is Actually Making Us Smarter. Riverhead Books. 2006.

Han, Byung-Chul: Psychopolitik: Neoliberalismus und die neuen Machttechniken. Fischer Taschenbuch. 2015.

Hurrelmann, Klaus/Albrecht, Erik: Die heimlichen Revolutionäre. Wie die Generation Y unsere Welt verändert. Beltz. 2014.

Jánszky, Sven Gábor/Abicht, Lothar: 2025 – So arbeiten wir in der Zukunft. Goldegg Verlag. 2013.

Lanier, Jaron: Wem gehört die Zukunft? Du bist nicht der Kunde der Internetkonzerne. Du bist ihr Produkt. Hoffmann &Campe. 2014.

Levitin, Daniel J.: The Organized Mind: Thinking Straight in the Age of Information Overload. Viking. 2015.

Levitt, Steven D./Dubner, Stephen J.: Freakonomics: Überraschende Antworten auf alltägliche Lebensfragen – Warum wohnen Drogenhändler bei ihren Müttern? Führt mehr Polizei zu weniger Kriminalität? Sind Swimmingpools gefährlicher als Revolver? Macht gute Erziehung glücklich? Goldmann Verlag. 2007.
Markowetz, Alexander: Digitaler Burnout. Warum unsere permanente Smartphone-Nutzung gefährlich ist. Droemer. 2015.
Marvin, Carolyn: When Old Technologies Were New: Thinking About Electric Communication in the Late Nineteenth Century. Oxford University Press. 1990.
Morgenstern, Julie: Never Check E-Mail In the Morning: And Other Unexpected Strategies for Making Your Work Life Work. Touchstone. 2011.
Palmer, Amanda: The Art of Asking. Wie ich aufhörte, mir Sorgen zu machen, und lernte, mir helfen zu lassen. Eichborn Verlag. 2015.
Pentland, Alex: Social Physics: How Good Ideas Spread – The Lessons from a New Science. Penguin Press. 2014.
Postman, Neil: Wir amüsieren uns zu Tode: Urteilsbildung im Zeitalter der Unterhaltungsindustrie. Fischer. 1988.
Renner, Kai-Hinrich/Renner, Tim: Digital ist besser. Campus. 2011.
Riederle, Philipp: Wer wir sind und was wir wollen. Ein Digital Native erklärt seine Generation. Knaur. 2013.
Schirrmacher, Frank: Payback. Pantheon. 2009.
Scoble, Robert: Age of Context: Mobile, Sensors, Data and the Future of Privacy. Patrick Brewster Press. 2014.
Shirky, Clay: Here Comes Everybody: The Power of Organizing Without Organizations. Verlag Penguin Books. 2009.
Shirky, Clay: Cognitive Surplus: Creativity and Generosity in a Connected Age. Verlag Penguin. 2010.
Spitzer, Manfred: Cyberkrank! Wie das digitalisierte Leben unsere Gesundheit ruiniert. Droemer. 2015.
Spitzer, Manfred: Digitale Demenz. Wie wir uns und unsere Kinder um den Verstand bringen. Droemer. 2012.

Standage, Tom: Writing on the Wall: Social Media – The First 2,000 Years. Bloomsbury. 2013.
Turkle, Sherry: Reclaiming Conversation: The Power of Talk in a Digital Age. Penguin Press. 2015.
Weixlbaumer, Elmar/Bruns, Valentina/Edelbacher, Max: Die neue Gier. Warum wir immer maßloser werden. Goldegg Verlag. 2015.
Wildt, Bert te: Digital Junkies. Internetabhängigkeit und ihre Folgen für uns und unsere Kinder. Droemer. 2015.
Wilkens, Andre: Analog ist das neue Bio. Eine Navigationshilfe durch unsere digitale Welt. Metrolit Verlag. 2015.
Wöhrle, Anne Sophie/Wöhrle, Christoph: Digitales Verderben. Wie Pornografie uns und unser Kinder verändert. mvg Verlag. 2014.

Laurent Amann | AsimAliloski

Mein Hund hat eine Seele

Was Ihr Hund schon immer sagen wollte & was Sie von ihm lernen können

Haben Hunde eine Seele? Halten sie bedeutsame Botschaften für den Menschen bereit? Wissen unsere Vierbeiner, was wir brauchen, um glücklicher und gesünder zu leben?

Hunde reagieren sehr sensibel auf unsere Emotionen. Geht es dem Menschen nicht gut, wollen sie uns wieder in Balance bringen. Überhören wir aber ihre Botschaften, werden sie häufig krank oder verhaltensauffällig.

Dieses Buch verrät, welche Bedürfnisse Ihr Vierbeiner wirklich hat und warum er nicht nur ein treuer Wegbegleiter, sondern auch ein weiser Seelen-Guru für mehr Glück und Gesundheit in Ihrem Leben ist.

Tauchen Sie in die Seelen- und Gefühlswelt Ihres Hundes ein und erfahren Sie, was Sie von Ihrem Vierbeiner über sich selbst lernen können.

GOLDEGG VERLAG

Softcover 192 Seiten
Format 13,5x21,5cm
ISBN: 973-3-902991-36-2

Preis: 19,⁹⁵ €

Bestellen Sie unter +43 (0) 1 505 43 76-30 oder per Fax: +43 (0) 1 505 43 76-20 oder unter verlag@goldegg-verlag.com